Pilze bestimmen – leicht gemacht

● **Bestimmungsteil (Seiten 46 bis 137)**
Farbfotos von Speisepilzen, ungenießbaren und giftigen Pilzen – auch Detailaufnahmen und Steckbrieftexte mit Beschreibungen aller wichtigen Erkennungsmerkmale und ähnlicher Arten.

● **GU Kennfarben-Code**
(siehe gegenüberliegende Klappe)
Farbige Kennstreifen und Pilzsymbole führen zu den 4 Pilzgruppen:
- Röhrlinge und Porlinge
- Lamellenpilze, Stiel mit Ring
- Lamellenpilze, Stiel ohne Ring
- Pilze, die nicht in die ersten drei Gruppen fallen.

● **Bestimmungstafel**
»Speisepilze – Giftpilze« (hintere Klappe)
Gegenüberstellung guter Speisepilze und ihrer giftigen Doppelgänger in Wort und Bild.

← **Bitte aufklappen!**

Die Lamellen des Grauen Helmlings ergeben ein kunstvolles Muster.

Hinweis und Warnung

Dieser GU-Naturführer stellt eine Auswahl jener Pilze vor, deren Bestimmungsmerkmale mit bloßem Auge erkennbar sind. 155 Pilzarten Europas sind in Naturfarbfotos abgebildet und detailliert beschrieben. Symbole in den Beschreibungstexten zeigen an, welche Arten eßbar und welche giftig sind. In den Beschreibungen der eßbaren Pilze ist auf Verwechslungsmöglichkeiten mit giftigen Doppelgängern hingewiesen.

● Zur sicheren Bestimmung müssen Sie jedes einzelne der beschriebenen Erkennnungsmerkmale und die dazugehörige Abbildung mit dem Pilz, den Sie gefunden haben, genau vergleichen. Stimmt auch nur ein Merkmal nicht überein, müssen Sie davon ausgehen, daß es sich bei Ihrem Fund nicht um den beschriebenen und abgebildeten Pilz handelt.

● Junge oder unterentwickelte Pilze, die Sie nicht zweifelsfrei bestimmen können, sollten Sie keinesfalls sammeln. Lassen Sie auch alte Pilze stehen, denn das Pilzeiweiß zersetzt sich sehr rasch.

● Denken Sie stets daran: Auch das beste Pilzbestimmungsbuch kann Sie nur dann vor Verwechslungen schützen, wenn Sie die Erkennungsmerkmale in Bild und Text auf das sorgfältigste mit Ihrem Fund vergleichen. Legen Sie bei geringstem Zweifel die gesammelten Pilze einem Pilzfachmann beziehungsweise einer Pilzberatungsstelle vor.

GU Naturführer

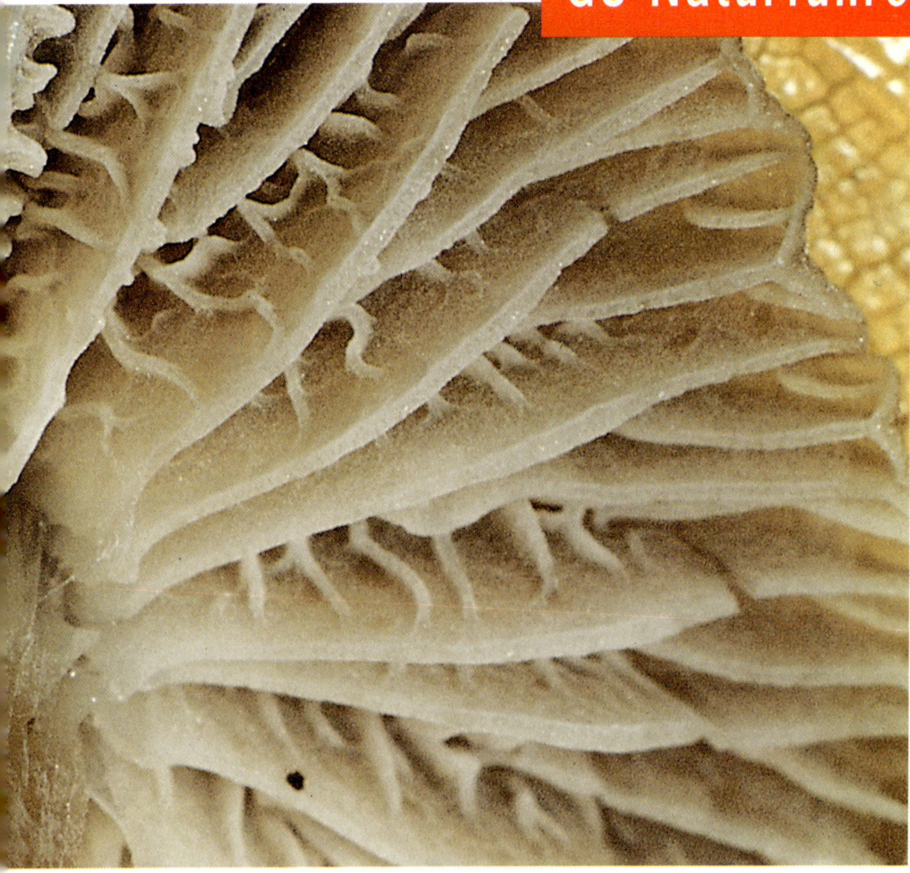

Pilze

Edmund
Garnweidner

**Speisepilze und ihre giftigen Doppelgänger sowie ungenießbare Pilze Mitteleuropas.
Bestimmen, kennenlernen, sammeln.**

300 Naturfarbfotos vom Autor
30 Zeichnungen von György Jankovics

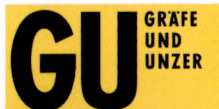

GU GRÄFE UND UNZER

Inhalt

Der Rötende Erdstern ist der größte unserer Erdsterne. Er ist ungenießbar.

◀ Foto Umschlagvorderseite:
   Steinpilze
◀ Foto Seite 2/3: Fliegenpilze

Ein Wort zuvor

Für den Pilzfreund gibt es nichts Schöneres, als durch den Wald zu wandern und Pilze zu suchen. Damit die Freude an diesem Naturerlebnis ungetrübt bleibt, bedarf es eines verläßlichen Führers, der den Sammler vor Verwechslungsgefahren bewahrt.
Mehr Sicherheit beim Pilze sammeln – das ist die Zielsetzung dieses neuen GU-Pilze-Führers. Er stellt die besten Speisepilze und ihre giftigen Doppelgänger vor, außerdem ungenießbare Pilze, die bei uns häufig vorkommen: Spitzenfarbfotos, aufgenommen am natürlichen Standort, zeigen das typische Gesamterscheinungsbild des ausgewachsenen Pilzes, außerdem Pilze im Jugendstadium und artspezifische Details. Kurzgefaßte Beschreibungstexte und der bewährte GU Kennfarben-Code sorgen dafür, daß das Bestimmen gelingt.
Der neue GU Naturführer Pilze ist aber mehr als ein Bestimmungsbuch: Im einführenden Teil lernen Sie den Pilz und seine Bedeutung im Ökokreislauf des Waldes kennen. Sie erfahren, welche Pilze Schwermetalle und Radioaktivität speichern und vieles Interessante mehr.
Im Ratgeberteil finden Sie Tips fürs richtige Sammeln und Verwerten, außerdem Anleitungen für die Pilzzucht im eigenen Garten.
Denken Sie bitte stets daran: Es gibt nur ein Mittel, um sich vor Pilzvergiftungen zu schützen: Man muß die Pilze kennen (→ auch Warnhinweis auf Seite 4).
Schöne Erlebnisse auf Ihren Waldwanderungen und viel Erfolg beim Pilze sammeln wünschen Autor und GU Naturbuch-Redaktion.

Autor und Verlag danken Herrn Dr. Helmuth Schmid, Eching, für ergänzende Hinweise, vor allem zu Nomenklaturfragen und bestehenden Verwechslungsmöglichkeiten, sowie Frau Hertha Garnweidner für ihre engagierte Mitarbeit.

Grünspan-Träuschlinge zwischen Moos im feuchten Nadelwald.

Pilze kennenlernen

Über zweitausend verschiedene Blätterpilze bevölkern unsere heimischen Wälder. Obwohl keiner dem anderen gleicht, sind sie doch alle nach dem gleichen Schema gebaut. Ein rundlicher und anfangs geschlossener, von einem sich rasch streckenden Stiel emporgehobener Hut spannt sich über die wie die Speichen eines Rades ausgebreiteten Lamellen, an deren Flächen in jeder Stunde Millionen von Sporen gebildet werden. Manche Arten besitzen eine schützende Hülle, die anfangs die noch jungen Lamellen bedeckt. Sie löst sich beim Aufschirmen des Hutes ab und bleibt als Ring oder zarter, faseriger Schleier am Stiel zurück.

Was ist ein Pilz?

Im Mittelalter hielt man die Pilze für Ausdünstungen der feuchten Erde, die plötzlich auf dem Waldboden oder an Holz erschienen, ohne daß es irgendeine damals logisch erscheinende Erklärung dafür gab. Heute wissen wir, daß die oberirdischen Fruchtkörper, die wir als „Pilze" sammeln, in Wirklichkeit nur der für die Verbreitung der Art notwendige Teil der im Boden lebenden Pilzpflanzen sind. Diese bestehen aus einem zarten, farblosen oder weißlichen Geflecht, das für uns in der Regel unsichtbar die obersten Schichten des Bodens durchzieht. Pilze besitzen selbst kein Blattgrün und können damit nicht wie andere Pflanzen mit Hilfe des Sonnenlichts organische Substanzen aufbauen. Sie leben vielmehr vom Abbau toten Pflanzenmaterials und führen dessen Bestandteile wieder in den Naturkreislauf zurück.

Pilze – Partner der Bäume

Mit dieser Zersetzungstätigkeit werden aber nicht nur wertvolle Rohstoffe für andere Pflanzen aufbereitet. Ein Großteil der wild wachsenden Pilzarten, darunter viele Speisepilze und nahezu alle Röhrlinge, lebt in einer engen Lebensgemeinschaft mit den heimischen Baumarten. Das Geflecht dieser Pilzarten dringt in das Wurzelwerk seines Baumpartners ein und versorgt sich auf diese Weise mit Mineralstoffen, die der Pilz selbst aus dem Boden nicht aufnehmen kann. Die feinen Saugwurzeln des Baumes werden dabei entweder vom Pilzgeflecht umwuchert, oder die Zellen des Pilzes dringen in die Wurzelzellen des Baumes ein. Die Baumwurzeln schwellen dadurch an und werden von einem feinen, watteartigen Gespinst umgeben. Diese Erscheinung wird als Mykorrhiza, zu deutsch „Pilzwurzel" be-

zeichnet. Die Bäume werden durch das Eindringen des Pilzes aber nicht geschwächt. Im Gegenteil, sie können mit dessen Hilfe die Aufnahmefläche des Wurzelsystems um ein Vielfaches vergrößern und auf diese Weise die Wasser- und Nährstoffaufnahme ganz wesentlich verbessern. Die Mykorrhizabildung ist damit ein wesentlicher Faktor für das Entstehen eines stabilen und gesunden Waldes und auch für den Menschen als dessen Nutzer von herausragender Bedeutung.

Alle in Mitteleuropa heimischen Baumarten leben mit Pilzen in einer solchen Symbiose. Nicht selten steht eine Vielzahl verschiedenster Pilzarten mit demselben Baum gleichzeitig in einer Lebensgemeinschaft. Ebenso kann ein einzelnes Pilzgeflecht zur gleichen Zeit mit mehreren Bäumen in Verbindung stehen; es kann auch von einem Baum auf den anderen „umsteigen". Über derartige Pilzverbindungen findet sogar ein Austausch von Stoffen zwischen verschiedenen Bäumen statt. In der Natur entstehen diese Lebensgemeinschaften schon kurz nach der Samenkeimung. So gibt es Mykorrhizapilze, die hauptsächlich unter Jungbäumen und in Baumschulen auftreten, andere wiederum finden sich vorwiegend in älteren Waldbeständen. Einige besonders seltene Arten trifft man fast nur unter ganz alten Baumpartnern an. Die Partnerwahl hängt somit wesentlich vom Alter des Baumes ab.

Wird eine Mykorrhizabildung künstlich verhindert, so werden die Bäume im Wachstum stark gehemmt; sie kümmern, setzen nur wenig Holz an und sind gegenüber anderen Pflanzenarten kaum konkurrenzfähig.

Auch Sie als Pilzsammler können aus den Kenntnissen über diese Partnerbin-

Pilze – Partner der Bäume

Birkenpilze wachsen nur unter Birken.

Birke und Birkenpilz – eine Einheit.

dung Nutzen ziehen, wenn Sie über die wichtigsten Waldbäume und ihre Pilzpartner Bescheid wissen. So wächst der Steinpilz (→ Seite 52) nur unter Fichten, Tannen und Kiefern, Schmerling (→ Seite 58) und Butterpilz (→ Seite 59) nur unter Kiefern, die Espen-Rotkappe (→ Seite 63) nur unter der Espe oder Zitterpappel.

Mykorrhizapilze können Sie nur dann auf Wiesen finden, wenn der dazugehörige Baumpartner in der Nähe steht. Sie sind meist nur wenig mit dem umgebenden Boden verwachsen und lassen sich verhältnismäßig leicht herausdrehen.

Die genauen Wechselbeziehungen zwischen Baum und Pilz sind trotz umfangreicher wissenschaftlicher Forschungen noch längst nicht bekannt. So ist es bis heute nicht gelungen, das Wachstum von Mykorrhiza-Pilzen entscheidend zu beeinflussen oder diese künstlich zur Fruchtkörperbildung zu bringen. Damit

Zum Bild: Das Geflecht des Birkenpilzes steht immer mit den Saugwurzeln einer Birke in Verbindung. Ein Birkenpilz kann ohne den dazugehörigen Baumpartner nicht wachsen. Es spielt dabei keine Rolle, ob die Birke im Wald, im Moor oder als Alleebaum an der Straße steht. Die Fruchtkörper erscheinen nicht am Stamm, sondern stets etwas entfernt im Bereich der feinen Saugwurzeln. Die Birke ist dabei nicht nur für den Birkenpilz, sondern auch für zahlreiche weitere Pilzarten lebensnotwendiger Partner. Auch der Geschmückte Gürtelfuß (→ Seite 23) wächst ausschließlich unter dieser Baumart.

scheiden alle zu dieser Pilzgruppe gehörenden Speisepilze, wie Steinpilz, Maronenröhrling oder Pfifferling, bis heute leider für eine Pilzzucht aus.

Pilze kennenlernen

Pilze als Parasiten

Wenn auch die meisten Pilze ihre Hauptaufgabe im Naturhaushalt als Partner der Bäume und Abfallbeseitiger erfüllen, so gibt es doch nicht wenige Pilzarten, die auch lebende Organismen befallen und somit zu echten Parasiten werden.

Pilze zerstören Holz

Der weitaus überwiegende Teil dieser Pilze ist auf Holz spezialisiert. Alte, kranke oder beschädigte Bäume werden regelmäßig von Pilzen befallen. Die Sporen dringen dabei an Verletzungen der Rinde in das Kernholz ein und zersetzen zuerst die inneren, sehr harten Schichten, während die weichen, saftführenden Teile unter der Rinde verschont bleiben. Mitunter kann ein Pilz jahrzehntelang unbemerkt im Stamminnern wachsen. Der Baum sieht völlig gesund aus. Erst das Erscheinen der Fruchtkörper zeigt den Pilzbefall an. Der Baum ist in diesem Stadium in aller Regel rettungslos verloren. In einem natürlichen oder naturnahen Wald sind parasitische Pilze an Bäumen keine Schädlinge. Sie schaffen vielmehr die Voraussetzungen, daß sich ein Wald wieder verjüngen kann. Im vom Menschen genutzten Wirtschaftswald kann dagegen der Holzertrag durch parasitische Pilze beträchtlich gemindert werden. Gefürchtet ist zum Beispiel der Hallimasch (→ Seite 77), der vor allem in auf ungeeigneten Böden angepflanzten Fichtenkulturen oft beträchtlichen Schaden anrichtet. Auch der Wurzelschwamm (→ Seite 130), dessen Geflecht in das harte Kernholz gepflanzter Fichten eindringt und es in eine braunrote, bröckelige Masse verwandelt, gehört als Rotfäule-Erreger zu den gefürchteten Forst-„Schädlingen". Mitunter sind in Fichtenkulturen bis zu 90% der Stämme rotfaul. Die Bäume verlieren ihre Standfestigkeit und brechen bei Sturm knapp über dem Boden ab. Die Fruchtkörper erscheinen erst, wenn der Baum schon abgestorben ist. Die Zerstörung kranker und altersschwacher Bäume und der Abbau toten Holzes sind ein seit Jahrmillionen laufender natürlicher Prozeß, durch den die im Holz gebundenen Stoffe wieder in den Naturkreislauf zurückgeführt werden. Auch die Bäume in unseren Städten und an den Alleen sind diesem Gesetz unterworfen. Das „Sanieren" von Bäumen mit dem Ziel, zersägte, ausbetonierte, chemisch behandelte und mit Eisenklammern gehaltene Baumgerippe noch einige Jahre am Leben zu erhalten, stellt sich gegen die Gesetze der Natur und ist deshalb, ökologisch betrachtet, wenig sinnvoll.

Pilze an Nutzpflanzen und Lebensmitteln

Weniger auffällig sind die parasitischen Schimmel-, Brand- und Rostpilze, die häufig auf krautigen Pflanzen wachsen und oft Blattkrankheiten auslösen oder Früchte befallen. Sind Kulturpflanzen betroffen, kann ein beträchtlicher wirtschaftlicher Schaden entstehen, so zum Beispiel durch Mehltau oder das Getreidekörner infizierende, giftige Mutterkorn.

Schimmelpilze an Lebensmitteln sind dagegen keine Parasiten, weil sie keine lebenden Organismen befallen. Beim Verzehr von Schimmelkäse empfinden wir sie als angenehm, beim Öffnen eines verdorbenen Marmeladenglases sind wir weniger begeistert, obwohl diese Pilze in beiden Fällen nur ihre Funktion als „Abfallbeseitigung" im Naturhaushalt erfüllen.

Zum Bild rechts: Der Strahlenpilz *Spinellus fusiger* hat einen Gummi-Helmling befallen und bildet seine strahlig abstehenden Fruchtstände aus. ▶

Pilze – Abfallbeseitiger der Natur

Führt man sich vor Augen, mit welchen nahezu unlösbaren Problemen unsere Wohlstandsgesellschaft angesichts ständig wachsender Müllberge konfrontiert wird, so kann man die geniale Lösung der Natur bei der Aufarbeitung nicht mehr benötigten Materials nur staunend bewundern. Seit Jahrmillionen sind die Pilze die tragende Säule einer absolut sauberen und rückstandsfreien Abfallbeseitigung im Naturhaushalt. Sie zerlegen totes organisches Material in seine ursprünglichen Bestandteile und führen es damit in den Kreislauf der Natur zurück. Tote Blätter und Nadeln werden dabei ebenso gründlich aufgearbeitet wie mächtige Baumstämme. Pilze sind – von einigen Bakterien abgesehen – die einzigen Lebewesen in der Natur, die imstande sind, Holz wieder in seine Ausgangsbestandteile zu zerlegen. Der Abbau des Holzes beginnt in der Regel am Stammgrund oder an Bruchstellen und setzt sich vom harten Kern in die äußeren Holzschichten fort. Meist werden die noch lebenden Bäume infiziert, wenn die schützende Rinde beschädigt

ist. Der Abbau des Holzes kann auf verschiedene Arten erfolgen und ist von der die Fäule auslösenden Pilzart abhängig. Manche Pilze zersetzen den Kohlehydrat-Anteil des Holzes, lassen aber den Lignin-Anteil unbehelligt. Das Holz zerfällt zu einer mürben, bröckeligen, braunroten Masse, die sich im Endstadium der Zersetzung mit den Fingern zu Pulver zerreiben läßt. Es verliert dabei bis zu 80% seines ursprünglichen Gewichts. Man spricht dann von einer Braunfäule, die vorwiegend an Nadelholz auftritt. Werden dagegen der Lignin- und der Zellulose-Anteil des Holzes abgebaut, wie dies bei der meist an Laubholz auftretenden Weißfäule geschieht, bleibt die faserige Holzstruktur lange Zeit erhalten. Das Holz färbt sich sehr hell, wird ungewöhnlich leicht und läßt sich mit der bloßen Hand zerfasern. Manche Weißfäule-Erreger, so zum Beispiel die fast ausschließlich an totem

Zu den Bildern unten: Die Schnittflächen liegender Stämme werden von Fruchtkörpern verschiedenster holzabbauender Pilze besiedelt.

Buchenstamm mit Gelbstieligem Zwergknäueling und Samtfußrübling.

Fichtenstamm mit gelbbraunem Zaunblättling und zartem Blutroten Schichtpilz.

Pilze als Müllbeseitiger

Buchen-Stachelbart am Fuß eines umgestürzten Buchenstammes.

Holz auftretende Schmetterlingstramete (→ Seite 131), können schon innerhalb weniger Monate das Holz nahezu vollständig zersetzen, so daß so gut wie nichts übrigbleibt. Pilze machen auch vor verbautem Holz nicht Halt. So ist es für den Menschen oft schwierig, ihrem zerstörerischen Werk Grenzen zu setzen. Da Pilze viel Feuchtigkeit brauchen, ist trockenes Holz im Innern von Gebäuden noch am besten geschützt. Dagegen helfen bei im Freien verbautem Holz auch die besten Holzschutzmittel trotz ihrer pilzhemmenden Wirkung nur für eine begrenzte Zeit.
Neben Holz und Pflanzenteilen bauen Pilze aber auch nahezu alle anderen organischen Materialien ab. So finden wir

Zum Bild: Wie ein filigranes Kunstwerk erscheinen die korallenartigen Fruchtkörper des Buchen-Stachelbartes. Über ein Jahrzehnt kann es dauern, bis der Pilz den Stamm völlig zersetzt hat.

sie häufig auf Dung und Mist. Die meisten dieser auf solche Substrate angewiesenen Arten sind sogar Spezialisten, so der Ring-Düngerling (→ Seite 80), der ausschließlich auf alten Kuhfladen wächst. Unter den Becherlingen kennen wir Arten, die nur auf der Losung ganz bestimmter Tierarten vorkommen. Auch der Kultur-Champignon wird auf Pferde- oder Hühnerdung gezüchtet.

Sonderbares Pilzwachstum

Wie bei allen Pflanzen richtet sich auch das Pilzwachstum nach der Schwerkraft. Stets wird die Fruchtschicht so ausgerichtet, daß die Sporen senkrecht nach unten fallen können. Die Stiele wachsen dabei zum Ausgleich mitunter recht krumm. Nur selten treten Mißbildungen an Pilzen auf, die dieser Gesetzmäßigkeit zuwiderlaufen. Bei Röhren- und Lamellenpilzen kann manchmal eine zweite, kopfstehende Fruchtschicht auf der Hutoberseite entstehen. Andere, häufiger auftretende Wachstumsveränderungen, wie mehrstielige Hüte oder flächig zusammenwachsende Fruchtkörper, haben Sie sicher auch schon beobachtet. Es gibt sogar Pilzgruppen, bei denen dies die Regel ist. Unter den Porlingen kennen wir nicht wenige Arten, die jedes Hindernis umschließen, so daß Grashalme, Ästchen und selbst andere Pilze umwachsen werden. Andere Arten jedoch, so vor allem alle Röhrlinge und die Blätterpilze, besitzen diese Fähigkeit nicht und weichen beim Wachstum jedem Hindernis aus.

Mißbildungen beim Wachstum

Durch Fehler bei der Anlage der Fruchtkörper können recht absonderliche Formen entstehen. Immer wieder werden Verwachsungen von Pilzfruchtkörpern beobachtet, die selbst einem versierten Kenner ein richtiges Erkennen der Art unmöglich machen. Recht selten kommt es auch vor, daß aus einem Stiel oder Hut ein zweiter, meist kleinerer Pilz herauswächst.

Veränderungen durch Sonneneinstrahlung

Bei starker Sonnenbestrahlung zerplatzt bei vielen Pilzen die Huthaut; es bilden sich tiefe, quer zu einander verlaufende Furchen, die ein richtiges Gitternetz entstehen lassen. Solche Pilze werden von Anfängern oft für eine besonders seltene Art gehalten.

Schwerkraft und Pilzwachstum

Kuriose Fruchtkörperformen entstehen mitunter bei mehrjährigen, holzbewohnenden Porenpilzen, deren große, konsolenförmige Pilzhüte immer waagrecht wachsen. Stürzt ein mit solchen Pilzfruchtkörpern bewachsener Stamm, so wird im rechten Winkel zum bisherigen, nun senkrecht stehenden Pilzhut eine neue, oft treppenartig gestufte Fruchtschicht angelegt. Eine auf diese Weise entstandene, besonders schöne Fruchtkörperform ist auf Seite 141 abgebildet. Durch ein recht einfaches Experiment läßt sich nachprüfen, daß alle Pilze ihre Fruchtschicht immer senkrecht zur Erdanziehungskraft ausrichten. Junge, noch geschlossene Fruchtkörper von raschwüchsigen Blätterpilzen, zum Beispiel Scheidenstreiflinge werden in eine Schachtel gelegt. Der sich streckende Stiel wird sich bogenartig aufrichten und so den sich entfaltenden Hut wieder in die richtige Lage bringen.

„Morchelartige" Blätterpilze

Bei den Hutpilzen kann es vorkommen, daß die Lamellen nicht wie gewohnt waagrecht ausgebreitet auf der Hutunterseite stehen, sondern seitlich nach oben hochgebogen sind. Die Hutoberfläche wird dabei mitunter völlig von den an der Spitze wieder zusammenwachsenden Lamellen eingeschlossen. Es entsteht dann ein von der Hutoberfläche ausgekleideter Hohlraum, und die oft zusätzlich verdickten und queraderig verbundenen Lamellen verleihen dem Pilz das Aussehen eines morchelartigen Gebildes. Nur sehr erfahrene Pilzkenner sind in der Lage, diese übrigens sehr seltene Erscheinungen im Pilzreich richtig zu deuten.

Zum Bild rechts: Kapriolen der Natur. Der Fruchtkörper eines Veilchenritterlings trägt einen zweiten voll entwickelten Pilz mit Hut und Stiel gleichsam huckepack. ►

Wo wachsen Pilze ?

Sicher denken Sie bei dieser Frage sogleich an ausgedehnte Wälder, in denen sich jeder Pilzfreund am wohlsten fühlt. Pilze aber wachsen überall. Von den Salzwiesen der Küste bis zur Gletscherregion der Hochalpen werden alle Lebensräume von Pilzen besiedelt. Heideflächen und Moore sind in unserer Landschaft fast ebenso pilzreich wie Wälder, doch sind viele der dort lebenden Pilzarten kleiner und nicht so auffällig gefärbt; zudem treten sie nur bei besonders günstiger Witterung häufiger auf und sind zwischen Moosen und Gräsern auch schwerer zu finden. Gerade auf diesen Flächen wachsen jedoch viele seltene Pilzarten.

Waldbewohnende Pilze

Etliche waldbewohnende Pilzarten können sowohl in Laub- wie auch in Nadelwäldern auftreten, andere, so z.b. der Steinpilz, haben spezielle Laub- und Nadelwaldformen entwickelt. Ein erfahrener Pilzkenner weiß oft schon anhand der Waldstruktur, welche Pilze er erwarten kann und konzentriert seinen Blick entsprechend. Viele Pilze sind auf bestimmte Baumarten oder auf eine besondere Bodenunterlage angewiesen. Zudem beeinflussen auch die Niederschläge und das Klima die Zusammensetzung der Pilzflora recht entscheidend. Die Pilzflora eines Laubwaldes im Tiefland ist aus ganz anderen Arten zusammengesetzt als die eines Gebirgsnadelwaldes. In Fichten- und Kiefernforsten wachsen im allgemeinen nur häufigere und weit verbreitete Arten, zu denen auch viele bedeutsame Speisepilze gehören. Im Gegensatz dazu beherbergen naturnahe Laubwälder, Parkanlagen und Auengehölze oft viele Seltenheiten, die für einen Speisepilzsammler kaum von Interesse sind.

Pilze in Feld und Wiese

Auch Wuchsorte, die ihre Entstehung ausschließlich dem Menschen verdanken, werden von hierauf spezialisierten Pilzen besiedelt. So wächst der Riesenträuschling, der auch unter der Bezeichnung „Braunkappe" auf Strohballen gezüchtet wird, in der freien Natur ausschließlich auf Äckern.

Konkurrenz unter Pilzen

Wie überall in der Natur herrscht auch unter den Pilzen ein erbitterter Konkurrenzkampf. Von den zahlreichen Pilzarten, deren Geflechte den Boden durchziehen, können nur solche Fruchtkörper entwickeln, die sich gegenüber anderen Arten durchsetzen. So gibt es eine Reihe von Arten, die als selten gelten, aber in Jahren mit für diese Pilze besonders günstiger Witterung plötzlich massenhaft auftreten. Diese starke Konkurrenz und gegenseitige Unterdrückung ist auch der Grund, daß der Zucht von Pilzen Grenzen gesetzt sind. So ist es zum Beispiel unmöglich, das Wachstum einzelner Speisepilze im Wald zu fördern, weil wir die Ursachen für die Fruchtkörperbildung kaum kennen.

Wann wachsen Pilze?

Es ist sehr schwierig, festzustellen, welche Pilzarten in einem Gebiet vorkommen. Jahrelange Beobachtungen zu allen Jahreszeiten sind hierfür unerläßlich. Die landläufige Meinung, Pilze würden nur im Spätsommer und Herbst wachsen, ist nämlich nicht ganz zutreffend. Pilze gibt es zu allen Jahreszeiten, nur ist es oft recht mühsam, während der Wintermonate die meist recht kleinen, nicht selten versteckt auf der Unterseite liegender Hölzer wachsenden und zudem sehr schwer bestimmbaren Arten zu entdecken.

Kreise aus Pilzen – Hexenringe

Hexenring des Fuchsigen Trichterlings.

Hexenringe

Sicher ist Ihnen schon aufgefallen, daß Pilze manchmal in Reihen oder Kreisen wachsen. Die volkstümliche Bezeichnung „Hexenring" für diese Naturerscheinung geht auf längst vergangene Zeiten zurück, als man sie für Versammlungsplätze von Hexen hielt.

Das Entstehen eines Hexenrings läßt sich einfach erklären: Das Geflecht eines Pilzes breitet sich von seinem Entstehungsort gleichmäßig nach allen Seiten aus. Im Bereich der Zuwachszone werden die Fruchtkörper gebildet. Diese erscheinen so in einem von Jahr zu Jahr größer werdenden Kreis. Größere Ringe werden häufig unterbrochen oder aufgelöst; es entstehen dann Bogen oder Reihen. Hexenringe können bis 300 m Durchmesser erreichen und sind dann Jahrhunderte alt; die höchsten Schätzungen reichen bis 700 Jahre. In guten Pilzjahren können Hexenringe bis zu 10 000 Fruchtkörper hervorbringen. Einige He-

Zum Bild: Wie von Geisterhand ausgesät stehen die Fruchtkörper des Fuchsigen Trichterlings in einem dicht besetzten Bogen. Innerhalb kurzer Zeit tauchen sie plötzlich zwischen dem Moos auf, und es ist nicht verwunderlich, daß unsere Vorfahren darin das Werk geheimnisvoller Mächte erblickt haben.

xenringe bildende Pilzarten, die ausschließlich Grünland- und Steppenbewohner sind, bringen in ihrer Wachstumszone mitunter die Pflanzendecke zum Absterben; man erkennt dann die Wuchszone als ringförmigen Bereich, in dem keinerlei Grünpflanzen wachsen. Eigenartigerweise wird am Rand dieser sog. nekrotischen Zonen das Pflanzenwachstum gefördert. Neben einigen selteneren Champignonarten gehören hierzu der Mairitterling (→ Seite 88) und der Nelkenschwindling (→ Seite 98).

Ein Fruchtkörper entsteht

Die nur für kurze Zeit erscheinenden Fruchtkörper entstehen aus dem die oberen Bodenschichten durchziehenden Pilzmyzel, einem meist unsichtbaren, watteartigen Geflecht. Sie wachsen je nach Fruchtkörpergröße, Pilzart und Witterung innerhalb von Stunden bis zu etlichen Tagen zur vollen Größe heran.

Sporen in Hülle und Fülle

Die winzigen Sporen, von denen nicht selten 300, der Länge nach aneinandergereiht, gerade einen Millimeter ergeben, werden in ungeheurer Zahl produziert. So würden die Sporen eines Riesenbovisten aneinandergereiht eineinhalbmal um die Erde reichen. Ein mittelgroßer Blätterpilz bringt es in einer einzigen Stunde auf über 40 Millionen, und würde aus jeder Spore eines Steinpilzes ein Geflecht entstehen, das nur einen einzigen Fruchtkörper hervorbringt, so würde die Ernte einen 700 km langen Güterzug füllen. Bei der Bildung der Sporen der Hutpilze, die an der Außenseite sogenannte Ständerzellen auf der Lamellenfläche oder an den Röhren bzw. Poren erfolgt, entstehen aus einer Zelle stets 4 Sporen. Bei den Schlauchpilzen, zu denen Morcheln (→ Seite 137) und Becherlinge (→ Seite 135) gehören, entstehen meist jeweils 8 Sporen in langen, schlauchartigen Zellen. Diese Sporen keimen bei günstigen Bedingungen aus und bilden zunächst ein sogenanntes Einkernmyzel. Erst wenn sich die Zellen aus den Myzelien zweier verschiedengeschlechtlicher Sporen der gleichen Art vereinigen, entsteht das Paarkernmyzel, ein Geflecht, dessen Zellen jeweils zwei Kerne aufweisen und das nun die Fähigkeit besitzt, wieder Fruchtkörper zu bilden.

Zum Bild: Ein Fruchtkörper entsteht. Stecknadelkopfgroße Punkte mit winzigen Stielchen bilden sich auf der Oberfläche des vom Geflecht durchzogenen Holzes und wachsen zu stattlichen Pilzen heran. Die ausgewachsenen Hüte des sehr giftigen Gifthäublings sind etwa 2 cm breit.

Unerschöpfliche Vielfalt

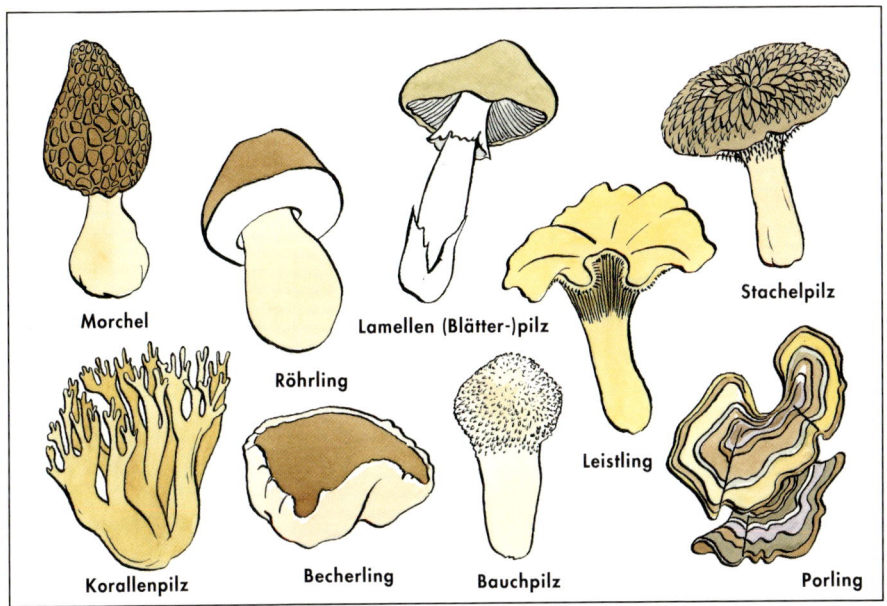

Morchel · Lamellen (Blätter-)pilz · Stachelpilz · Röhrling · Korallenpilz · Becherling · Leistling · Bauchpilz · Porling

Wichtigere und leicht kenntliche Pilzgruppen.

Unerschöpfliche Vielfalt

Von den Röhren- und Blätterpilzen über Porlinge, Korallen und Morcheln zeigen die Pilze eine nahezu grenzenlose Formenfülle. Die Wissenschaft hat festgestellt, daß Pilzarten, deren Fruchtkörper ähnlich aussehen, nicht unbedingt miteinander verwandt sein müssen, und teilt die Pilze heute zum Beispiel nach dem Bau der Zellstruktur und dem Vorhandensein gleichartiger Farbstoffe oder anderer chemischer Substanzen ein. Wenn Sie sich jedoch nur mit den leichter kenntlichen Pilzen und vor allem mit den eßbaren Arten vertraut machen möchten, ist es nicht nötig, in diese sehr schwierigen, aber auch faszinierenden Zusammenhänge der Natur einzudringen. Der weitaus überwiegende Teil der Pilze, die uns in Wald und Flur begegnen, besitzt in Hut und Stiel gegliederte Fruchtkörper, auf deren Hutunterseite eine die Sporen erzeugende Fruchtschicht gebildet wird. Die Nicht-

Zur Zeichnung: Diese Darstellung soll nur einen groben Überblick über wichtige Fruchtkörperformen geben und entspricht nicht der modernen wissenschaftlichen Gliederung des Pilzreiches. Die meisten unserer heimischen Pilzarten lassen sich aber den oben dargestellten Pilzgruppen zuordnen.

blätterpilze entwickeln ihre Fruchtschicht auf der Außenseite, so zum Beispiel die Korallenpilze, deren oberer, oft korallenartig verzweigter Fruchtkörper überall Sporen bildet. Bei den Bauchpilzen, zu denen zum Beispiel die Boviste gehören, entstehen die Sporen im Innern des Fruchtkörpers und treten bei der Sporenreife an der sich öffnenden Oberseite aus. Die wichtigeren Pilzgruppen und ihre Fruchtkörperformen sind in der nachfolgenden Zeichnung zusammengestellt.

Pilze richtig kennenlernen

Rund 5000 verschiedene Pilzarten sind aus Mitteleuropa bekannt. Etliche davon sind auch für einen Ungeübten leicht zu erkennen, andere dagegen können nur mit umfangreicher Fachliteratur, mikroskopischen und chemischen Untersuchungen einwandfrei bestimmt werden. Glücklicherweise lassen sich die häufigeren und bedeutsameren Speisepilze und auch die meisten ihrer ungenießbaren oder giftigen Doppelgänger ohne aufwendige Mühe sicher erkennen. Dies erfordert jedoch etwas Geduld und Übung, vor allem aber die Fähigkeit, die Kennzeichen der Pilze sorgfältig zu beobachten. Auf den folgenden Seiten werden wichtige Merkmale für die Bestimmung, getrennt nach Hut, Lamellen und Röhren, Stiel und Fleisch, ausführlich erklärt und durch Farbfotos und Zeichnungen dargestellt. Bevor Sie versuchen, anhand der Steckbriefe im Bestimmungsteil (→ Seite 46–137) neue Pilze kennenzulernen und zu sammeln, sollten Sie sich mit den Kennzeichen sorgfältig vertraut machen. Die Überprüfung der Pilzfunde in der freien Natur wird dann erheblich leichter fallen.

Für die Bestimmung eines Ihnen unbekannten Pilzes sollten Sie sich ausreichen Zeit nehmen. Üben Sie zunächst mit Pilzen, die Sie bereits kennen, zum Beispiel einem Fliegenpilz oder Steinpilz und versuchen Sie, anhand der Erklärungen und Zeichnungen auf den folgenden Seiten alle Kennzeichen, die Sie beobachten können, richtig festzuhalten. Sie schärfen dadurch Ihre Beobachtungsgabe und bekommen so bald einen Blick für alle beim Pilzbestimmen wesentlichen Merkmale.

Wenn Sie auch bei sorgfältiger Beachtung aller Bestimmungsregeln nicht zum Ziel kommen, bedenken Sie bitte, daß die Bestimmung von Pilzen ungleich schwieriger ist als zum Beispiel das Kennenlernen von Blütenpflanzen. Auch geübte Pilzkenner und sogar erfahrene Mykologen müssen oft kapitulieren, wenn sie einen Pilz aus einer besonders schwierigen Gruppe in Händen haben.

Für Sie als Pilzfreund kommt es auch nicht darauf an, wie viele verschiedene Pilze Sie kennen. Sie sollten sich vielmehr die wenigen Arten, die Sie kennenlernen möchten, so gründlich in Ihr Gedächtnis einprägen, daß Sie diese jederzeit im Gelände sicher ansprechen und sich beim Sammeln von Speisepilzen vor einer Verwechslung mit ungenießbaren oder giftigen Doppelgängern wirksam schützen können.

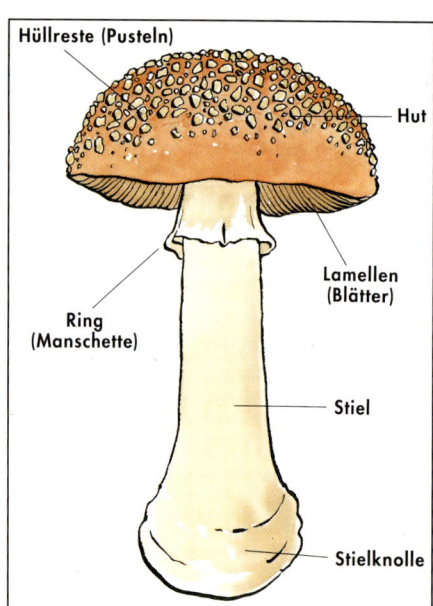

Hüllreste (Pusteln)

Hut

Lamellen (Blätter)

Ring (Manschette)

Stiel

Stielknolle

Schema eines Blätterpilzes (Wulstling).

Geschmückter Gürtelfuß – kennzeichnend ist der zonierte Stiel.

Zum Bild: Der Geschmückte Gürtelfuß wächst unter Birken und besitzt außer den an der Stielspitze sichtbaren Resten des Haarschleiers lebhaft zinnoberrote Gürtel, die als Rest einer zweiten, jung den ganzen Pilz umschließenden Außenhülle erhalten bleiben.

Pilze kennenlernen

Der Hut

Der Hut ist der wichtigste Teil des Pilzes. Er trägt auf der Unterseite die für die Verbreitung und Arterhaltung unerläßliche, sporenbildende Fruchtschicht.

Hutform

Die Form des Hutes wechselt mit der Entwicklung des Fruchtkörpers. Nur wenn Sie mehrere Exemplare verschiedenen Alters beobachten, können Sie die Entwicklung eines Pilzhutes richtig beurteilen. Die verschiedenen Hutformen der Hutpilze, also der Röhren- und Blätterpilze sind auf der gegenüberliegenden Seite abgebildet. Die Benennung entspricht den in den Steckbriefen verwendeten Bezeichnungen. Mit der zunehmenden Entfaltung des Fruchtkörpers entstehen aus anfangs halbkugeligen Hüten konvex-gewölbte Formen. Im Alter werden viele Arten meist flach oder schüsselförmig. Sind die Hüte schon jung flach, werden sie in der Regel trichterförmig. Aus kegeligen Hüten entwickeln sich oft gebuckelte Formen. In der Natur werden Sie zahlreichen unregelmäßigen Verformungen begegnen. Für die Überprüfung der Hutform sollten Sie deshalb stets mehrere Fruchtkörper verschiedenen Alters zur Verfügung haben. Kegelige, glockige und spitzbuckelte Hüte finden Sie vor allem bei den Rißpilzen. Halbkugelige oder polsterförmige Hüte besitzen viele Röhrlinge. Trichterig-niedergedrückt oder flach mit eingerolltem Hutrand sind häufig Täublinge oder Milchlinge, aber auch Kremplinge und viele andere Blätterpilzarten.

Die Hutfarbe

Die Farbe der Pilzhüte reicht von reinem Weiß über Gelb, Rot, Grün, Braun, Grau oder Blau bis Schwarz. Sie kann mit dem zunehmenden Alter eines Fruchtkörpers und nach dem Standort, aber auch mit der Witterung und Luftfeuchtigkeit beträchtlich wechseln.

Die Huthaut

Die Huthaut kann sehr viel über die einzelne Pilzart verraten, vorausgesetzt, Sie nehmen sich genügend Zeit, um ihre Struktur genau zu beobachten. Mit Hilfe einer Lupe erkennen Sie viele Details der Oberfläche, die Ihnen bei flüchtigem Hinsehen verborgen bleiben. Bei feuchtem Wetter werden viele Pilzhüte schmierig oder schleimig; trocknet die oberste Schicht ein, so kann eine stark glänzende Hutoberseite entstehen. Andere Arten sind auch bei Regenwetter völlig trocken; die Huthaut erscheint dann matt, rauh oder fein körnig. Die Zellstruktur der Huthaut bildet oft von der Mitte zum Rand verlaufende Fasern oder Streifen, mitunter ist sie auch zu Schuppen aufgelöst, die aber im Gegensatz zu ebenfalls oft schuppig aussehenden Hüllresten festgewachsen sind und nicht abgewischt werden können. Manche Arten haben eine fein mehlige, samtige oder wollige Hutoberfläche; andere wiederum bilden kreisförmige Zonen, die aus dunkleren Flecken oder zottigen Haaren bestehen können.

Der Hutrand

Der Hutrand vieler Lamellenpilze ist manchnal schon in der Jugend, häufig aber erst im Alter von den Lamellen höckerig gerieft. Besonders deutlich sehen Sie dies bei einigen Wulstlingen (→ Seite 70–72), vor allem beim Scheidenstreifling (→ Seite 105). Pilze, deren Huthaut sehr viel Wasser aufnimmt, färben sich bei feuchter Witterung ziemlich dunkel und lassen dann besonders am Hutrand die Lamellen durchscheinen. Beim Eintrocknen verschwindet diese Riefung und die Hutfarbe wird wesentlich heller. Solche Hüte, wie sie zum Beispiel der Rettichhelmling (→ Seite 101) zeigt, bezeichnet man als durchscheinend gerieft. Im Eintrocknen schön zweifarbige Hüte besitzen das Stockschwämmchen (→ Seite 78) und sein sehr giftiger Doppelgänger, der Gift-

Pilzhüte – ungeheuer formenreich

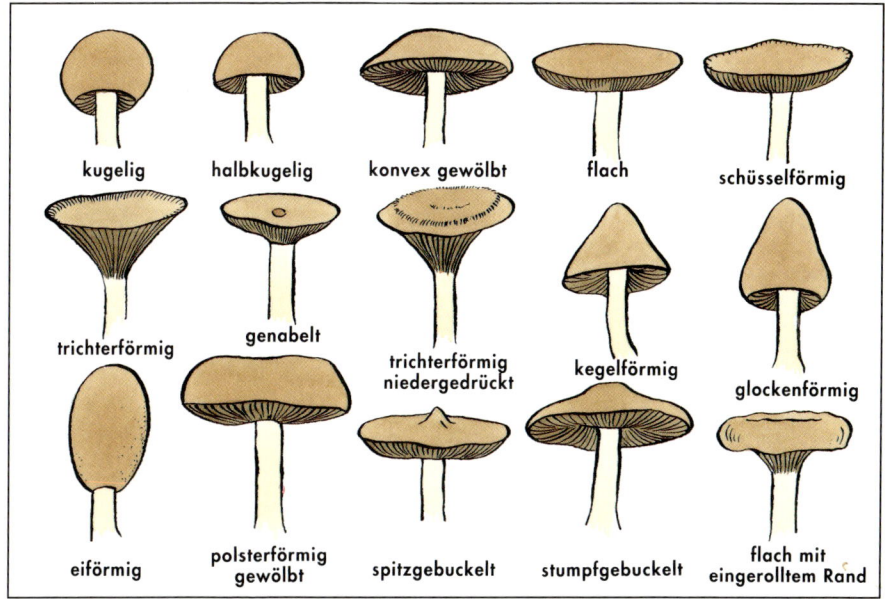

kugelig   halbkugelig   konvex gewölbt   flach   schüsselförmig

trichterförmig   genabelt   trichterförmig niedergedrückt   kegelförmig   glockenförmig

eiförmig   polsterförmig gewölbt   spitzgebuckelt   stumpfgebuckelt   flach mit eingerolltem Rand

Die wichtigsten Hutformen auf einen Blick.

häubling (→ Seite 78, 138/139). Die noch eingerollten Ränder junger Pilzhüte sind oft seidig, flaumig, wollig oder flockig überzogen. Als gewissenhafter Pilzfreund sollten Sie solche Kennzeichen bereits beim Aufsammeln im Wald auf einem Notizzettel festhalten. Wenn Sie dagegen alle Pilze wahllos in den Korb werfen, werden Sie später vergeblich nach diesen Merkmalen suchen.

Die Außenhülle
Die Fruchtkörper etlicher Pilzarten werden im Jugendstadium von einer faserigen, häutigen oder flockigen Hülle umschlossen. Öffnen sich die Pilzhüte bei feuchtem Wetter, so kommt es mitunter vor, daß die gesamte Hülle am Stielgrund zurückbleibt oder gar abgewaschen wird und somit am ausgewachsenen Pilzhut nicht mehr zu sehen ist. Ist die Witterung dagegen recht trocken, so werden die einzelnen Flöckchen schön regelmäßig auf dem Pilzhut verteilt, wie

Zur Zeichnung: Die Hutform eines Blätter(Lamellen-)pilzes ist oft typisch für eine bestimmte Art. Sie kann sich aber im Lauf der Entwicklung eines Fruchtkörpers beträchtlich verändern.

dies bei den auf Seite 41 abgebildeten Fliegenpilzen schön zu sehen ist. Sie dürfen solche Hüllreste nicht mit festgewachsenen Schuppen zum Beispiel eines Riesenschirmlings verwechseln. Auch die Scheide der giftigen Knollenblätterpilze ist der Rest einer solchen Außenhülle. Sie ist jedoch bei diesen Pilzen sehr fest und am Knollenrand angewachsen, so daß sie fast immer in der Mitte zerreißt und beim Aufschirmen vom Hut herabgezogen wird.

25

Die Lamellen

Die Hutunterseite eines Lamellenpilzes zeigt eine Anzahl dünner Blätter, die vom Stiel wie die Speichen eines Rades auseinanderstrebend zum Hutrand verlaufen.

Die Lamellenfarbe

Die Farbe der Lamellen kann mit dem Alter eines Fruchtkörpers wechseln. So sind die Lamellen der Wulstlinge, zu denen auch die sehr giftigen Knollenblätterpilze (→ Seite 68/69) gehören, aber auch der meisten ritterlingsartigen Pilze bis ins Alter rein weiß. Bei anderen Pilzarten nehmen die zunächst ebenfalls weißen Lamellen im Alter eine dunklere creme, rosa oder bräunliche Farbe an; mitunter bekommen sie rote oder braune Flecken, bis sie zuletzt oft ganz braun, grau oder sogar schwarz werden. Pilze mit lebhaft gelben oder blauen Lamellen können, sofern sie weiße Sporen besitzen, bis ins hohe Alter diese Farbe beibehalten. Dagegen färben sich die Lamellen von Pilzarten mit braunen Sporen im Alter rost- oder dunkelbraun; die ursprüngliche Farbe verschwindet dann völlig. Schopftintlinge (→ Seite 107) haben jung weiße, zuletzt aber völlig schwarze Lamellen.

Form der Lamellen

Wenn Sie einen umgedrehten Pilzhut von oben her betrachten, sehen Sie, ob die Lamellen dicht oder entfernt stehen. Zwischen den vom Stielansatz zum Hutrand durchlaufenden Lamellen entdecken Sie bei den meisten Blätterpilzen zum Hutrand hin zahlreiche kürzere Zwischenlamellen. Manchmal sind die Lamellen auch gabelig verzweigt. Bei den Täublingen laufen dagegen alle Lamellen vom Stiel bis zum Hutrand durch. Sind die Lamellen eines durchgeschnittenen Hutes breiter als das Hutfleisch, werden sie in den Steckbriefen als „breit" bezeichnet; andernfalls handelt es sich um „schmale" Lamellen.
Die Art der Stielanheftung, also die Ansatzstelle der Lamellen am Stiel, ist in den nebenstehenden Zeichnungen erklärt.
Junge Fruchtkörper einer Art können ausgebuchtete, ältere dagegen gerade angewachsene Lamellen besitzen. Sind die Lamellen schon jung gerade angewachsen, werden sie im Alter häufig herablaufend, wobei sich dann stets eine entsprechende Veränderung des Hutes zur Trichterform vollzieht. In der Aufsicht sehen Sie, ob es sich um dicke oder dünne Lamellen handelt. Dünne Lamel-

Zum Bild: Die Lamellen des Gefleckten Rüblings stehen sehr dicht; sie sind schmal und an der Schneide grob zackig gesägt.

Lamellen – ein weiteres Bestimmungsmerkmal

Zur Zeichnung: Verschiedene Lamellenformen und Lamellenschneiden.
Auch die Form der Lamellen, ihre Ansatzstelle an den Stiel und die Lamellenschneide sind wichtige Bestimmungs- und Unterscheidungsmerkmale.

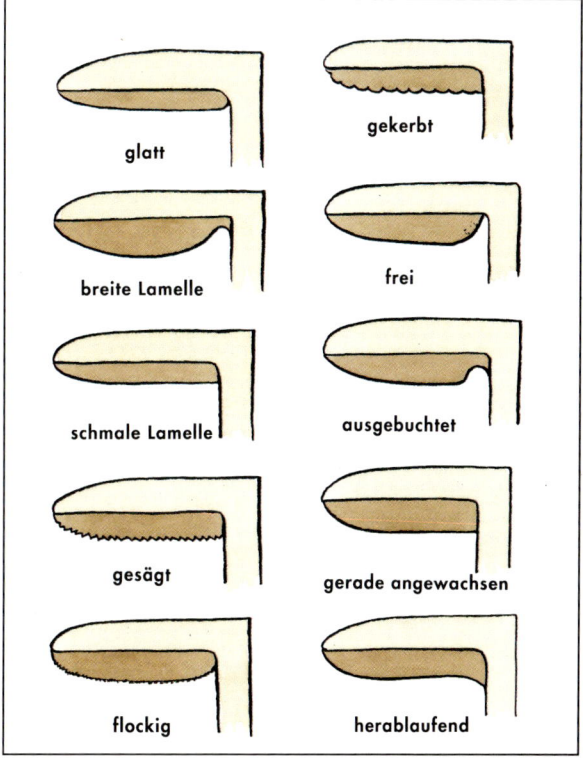

glatt

gekerbt

breite Lamelle

frei

schmale Lamelle

ausgebuchtet

gesägt

gerade angewachsen

flockig

herablaufend

len sind im allgemeinen schmäler und stehen auch dichter als dicke; es gibt aber Ausnahmen! Die Lamellenfläche ist meist glatt, nur gelegentlich ist sie durch senkrecht verlaufende Adern, die mitunter sogar die Lamellen miteinander verbinden, querrippig.

Es gibt hin und wieder Fruchtkörper, bei denen durch die Querrippen der Lamellen wahre Kunstwerke entstehen. Ein besonders prächtiges Beispiel zeigt die Abbildung eines in der Natur nur 2 cm breiten Pilzhutes des seltenen Grauen Helmlings *(Mycena cinerella)* auf den Seiten 4 und 5.

Lamellenschneide
Die Lamellenschneide ist die dem Betrachter zugewandte Kante der Lamellen. Sie ist mit einer Messerschneide vergleichbar und kann sehr scharf, aber auch stumpf sein. Sie ist häufig glatt, aber auch uneben, gekerbt oder gesägt. Bei vielen Pilzarten erkennen Sie mit einer Lupe, oft auch schon mit dem bloßen Auge, einen flockigen Überzug, der aus Büscheln mikroskopisch kleiner unfruchtbarer Zellen, den sogenannten Zystiden besteht.

Festigkeit der Lamellen
Schließlich sollten Sie sich noch durch Darüberstreichen mit dem Finger von der Festigkeit des Fleisches der Lamellen überzeugen. Zersplittern die Lamellen sehr leicht, handelt es sich fast immer um Täublinge; bei anderen Pilzarten sind sie weich und biegsam.

Pilze kennenlernen

Röhren und Poren

Die etwa 70 heimischen Pilzarten mit röhrenförmiger und vom Hutfleisch ablösbarer Fruchtschicht werden in der Familie der Röhrlinge zusammengefaßt. Hierzu zählen auch viele beliebte Speisepilze, wie Steinpilz, Maronenröhrling oder Rotkappe. Darüber hinaus gibt es noch einige ebenfalls an Röhrlinge erinnernde Pilzarten, wie zum Beispiel den Schafporling (→ Seite 65), die zwar auf der Hutunterseite auch feine Poren, aber keine ablösbare Röhrenschicht besitzen. Diese Pilze, bei denen die Poren gleichsam in das Hutfleisch hineingebohrt sind, gehören zu verschiedenen Familien der Nichtblätterpilze. Sie haben zu den Röhrlingen oder den anderen Hutpilzen verwandtschaftlich keine näheren Beziehungen.

Im Querschnitt sehen Sie die bei jungen Röhrlingen immer weißgrau oder gelb gefärbte Röhrenschicht. Sie verfärbt sich mit zunehmendem Alter des Pilzes als Folge der Sporenreife graubraun, gelb oder oliv, beim Gallenröhrling (→ Seite 53) rosa. Bei einem Teil der Röhrlinge läuft die Anschnittstelle ebenso wie das übrige Fleisch des Fruchtkörpers blau oder grünlich an; gelegentlich treten auch schwärzliche, graue, rötliche oder bräunliche Verfärbungen auf.

Die Mündungen der Röhren werden Poren genannt und können eine von der übrigen Röhrenschicht stark abweichende, meist orange- bis karminrote Farbe besitzen. Auch die Oberfläche der Röhrenschicht zeigt typische Merkmale. So erscheinen bei den Hexenröhrlingen und den meisten anderen Röhrenpilzen die ziemlich kleinen Löcher in die ebene Schicht eingebohrt. Beim Darüberstreichen mit dem Finger hat man deshalb den Eindruck einer völlig glatten Fläche. Im Gegensatz dazu ist die Röhrenschicht des Hohlfußröhrlings (→ Seite 61) keine einheitliche Schicht, sondern ein langgestrecktes grob zackiges Netz. Auch beim Kuh-Röhrling (→ Seite 60) sind die Röhrenmündungen sehr unregelmäßig und strahlenartig vom Stiel zum Hutrand ausgerichtet. Sie zeigen recht deutlich eine lamellenartige Struktur. Die Wissenschaft nimmt heute an, daß auf diese Weise aus ursprünglichen Lamellenpilzen die Röhrenpilze entstanden sind.

Um den Stiel ist die Röhrenschicht in der Regel grabenartig vertieft. Etliche Arten besitzen aber eine gerade angewachsene, selten sogar bogenförmig am Stiel herablaufende Röhrenschicht.

Zum Bild: Die Röhrenmündungen der Hexenröhrlinge (hier ein Netzstieliger Hexenröhrling) sind anfangs gelb und färben sich bald orange- bis karminrot. Nur die Randzone bleibt lange gelb. Um den Stiel ist die Röhrenschicht wie ein Burggraben vertieft.

Flacher Lackporling (angeschnitten).

Bei manchen Pilzen mit röhrlingsartigem Aussehen, so beim Schuppigen Porling (→ Seite 65) und beim Schafporling (→ Seite 65), sind die Röhren in das Hutfleisch hineingebohrt und nicht ablösbar. Die konsolenförmigen Baumschwämme wie der Echte Zunderschwamm (→ Seite 130) besitzen oft mehrere übereinander stehende und recht harte Schichten. Aus der Anzahl der Röhrenschichten läßt sich auf das Alter eines Fruchtkörpers schließen. Gelegentlich wird jedoch das Wachstum einer Röhrenschicht durch Trockenheit länger unterbrochen, so daß in einem Jahr zwei Schichten entstehen können. Die Röhren enthalten am meisten Eiweiß, sind also der nahrhafteste Teil des

Zum Bild: Ein junger Fruchtkörper des Flachen Lackporlings zeigt unter dem grob faserig-watteartig verflochtenen Hutfleisch die dicke Porenschicht. Die winzigen, punktförmigen Mündungen sind fast reinweiß gefärbt.

Fruchtkörpers. Sie sollten deshalb beim Zubereiten von Speisepilzen nur entfernt werden, wenn sie schon sehr alt und unansehnlich geworden sind. Die Ausbildung einer röhren- oder porenartigen Fruchtschicht ist übrigens kein Kennzeichen einer näheren Verwandtschaft.

Der Stiel

Von den dickbauchigen Stielen des Steinpilzes bis zu den fadenförmig dünnen Stielchen mancher Schwindlinge begegnen Sie unterschiedlichsten Stielformen. Die wichtigsten davon sind auf der nebenstehenden Zeichnung dargestellt.

Stielformen

Selbstverständlich können Fruchtkörper der gleichen Art verschiedene Stielformen zeigen; auch im Laufe der Entwicklung kann sich ein Stiel verändern. Aus einem bauchig gestielten jungen Steinpilz entwickelt sich über ein Keulenstadium zuletzt nicht selten ein ziemlich schlanker Stiel. Besonders die im Inneren hohlen Stiele sind oft flachgedrückt und stark verbreitert.

Zum Bild: Die winzigen, haarförmigen Stielchen des Roßhaarschwindlings sind zäh und biegsam.

Stielfarbe

Die Farbe des Stiels bereitet bei der Bestimmung im allgemeinen keine Schwierigkeiten. Nur bei den Schleierlingen, mit denen sich ohnehin nur die Fortgeschrittenen befassen, und bei einigen anderen schwierigen Pilzgattungen, zum Beispiel den Rißpilzen, müssen Sie auch kleinste Farbveränderungen im Laufe der Entwicklung beachten. Da sich diese Färbung meist auch im darunterliegenden Fleisch fortsetzt, ist ein Längsschnitt durch den Stiel hilfreich.

Stieloberfläche

Die Oberfläche des Stiels ist nur bei wenigen Pilzarten völlig gleichförmig. Bei genauer Betrachtung erkennen Sie auch auf einem zunächst glatt erscheinenden Stiel fast immer feine Längsgruben oder Längsrillen. Vielfach wird der Stiel von feinen seidigen Fasern oder Flöckchen überzogen, die beim unvorsichtigen Anfassen leicht zerstört werden können.

Roßhaarschwindling auf einem moosigen Buchenstamm.

Stiele haben viele Formen

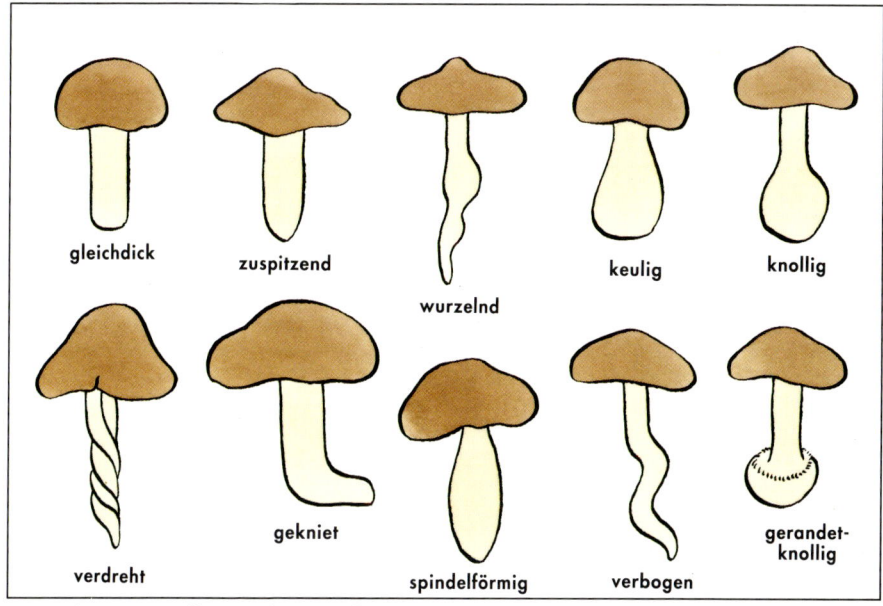

gleichdick   zuspitzend   keulig   knollig

wurzelnd

verdreht   gekniet   spindelförmig   verbogen   gerandet-knollig

Die wichtigsten Stielformen der Lamellenpilze.

Manche Stiele besitzen eine Außenschicht, die beim Strecken des Stiels aufreißt und das helle Stielfleisch sichtbar werden läßt. Solche, an eine Schlangenhaut erinnernde Stiele, wie sie zum Beispiel der Riesenschirmling (→ Seite 76) und der Grüne Knollenblätterpilz (→ Seite 68) besitzen, bezeichnet man als genattert.
Netzzeichnungen am Stiel sind vor allem bei den Röhrenpilzen, wie beim Steinpilz, Satanspilz und dem Netzstieligen Hexenröhrling, bekannt.

Hüllreste
Wenn Pilze im Jugendstadium eine Außenhülle besitzen, können Hüllreste in Form feiner Schüppchen, Flocken oder Gürtel am Stiel zurückbleiben. Sie sind mitunter recht lebhaft gefärbt und auffällig, so zum Beispiel beim Geschmückten Gürtelfuß (→ Bild Seite 23). Glücklicherweise sind diese Hüllreste am Stiel als Erkennungsmerkmale

Zur Zeichnung: Auch die Stielformen der Lamellenpilze sind äußerst formenreich und helfen bei der Bestimmung einzelner Arten.

nur bei den schwierigen, dem fortgeschrittenen Pilzfreund vorbehaltenen Gattungen von besonderer Bedeutung.

Stielgrund
Wichtig ist die Form des Stielgrundes, also des Teiles, der beim leichtfertigen Abschneiden eines Pilzfruchtkörpers leicht übersehen wird und dann Ursache verhängnisvoller Fehlbestimmungen sein kann. So steckt die für das Erkennen des sehr giftigen Knollenblätterpilzes wesentliche Stielknolle mit der sie umgebenden Scheide oft so tief im Boden, daß man sie nur durch sorgfältiges Ausgraben zu Gesicht bekommt.
Sie sollten sich die auf der Zeichnung abgebildeten Stielformen sehr genau einprägen.

Allerhand Ringformen

Der Ring ist eigentlich kein Teil des Stieles, sondern der Rest einer die Fruchtschicht des jungen Pilzes bedeckenden Hülle, der sogenannten Teilhülle. Beim Aufschirmen des Hutes löst sich diese von den Lamellen oder Röhren und gibt so den Weg für die Sporen frei.

Wenn diese Teilhülle aus fest verwobenen Zellen besteht, bleibt sie vielfach als Ring am Stiel zurück. Es gibt aber auch viele Pilzarten, deren Teilhülle so flüchtig entwickelt ist, daß man sie bei ausgewachsenen Fruchtkörpern nicht mehr erkennen kann. Bei manchen Pilzen, so vor allem bei den Schleierlingen, ist die Teilhülle als zarter, spinnwebenartiger vom Hutrand zur Stielspitze gespannter Haarschleier ausgebildet. Sie verschwindet bald und ist dann so wie beim Geschmückten Gürtelfuß (→ Bild Seite 23) nur noch als faserige, von den Sporen braun gefärbte Ringzone am Stiel erkennbar. Bei den ebenfalls zur Familie der Schleierlinge zählenden Klumpfüßen, die stets eine breit gerandete Knolle am Stielgrund besitzen, ist dieser Haarschleier vom Knollenrand zum Hutrand gespannt und zieht sich wie ein zartes Gespinst bis fast zur Stielspitze

hinauf. Diese dadurch besonders prächtig aussehenden Pilze, von denen viele recht lebhaft gefärbt sind und zu den Seltenheiten gehören, werden nicht ohne Grund auch als „Orchideen unter den Pilzen" bezeichnet. Sehr schön entwickelte Fruchtkörper des Strohgelben Klumpfußes sind auf Seite 158/159 abgebildet.

Auch festgewachsene Ringe werden auf ihrer Oberseite nach einiger Zeit von den ausfallenden Sporen gefärbt. So sind die weißen Ringe des Grünspan-Träuschlings (→ Seite 8/9, 80) nach einiger Zeit auf der Oberseite auffallend dunkel purpurgrau bepudert.

Bei Trockenheit bleibt nicht selten bei üblicherweise deutlich beringten Pilzarten der Ring während des Aufschirmens des Hutes am Hutrand kleben. Der Stiel erscheint dann unberingt, und es gehört ein scharfer Blick dazu, um die am Hutrand festklebenden Reste des Rings richtig zu deuten. Vorsicht: Auch Knollenblätterpilze tragen den Ring nicht selten am Hutrand und sind dann scheinbar unberingt! Manchmal fällt der Ring bei ausgewachsenen Fruchtkörpern auch ganz ab. Bei den ganz jungen Fruchtkörpern kann man den noch den Lamellen bzw. Röhren anliegenden

Zur Zeichnung:
Hängende Ringe werden oft als Manschette bezeichnet. Sie sind oberseits glatt oder von den Lamellen fein streifenartig gerieft. Man kann sie nur nach oben abziehen.
Aufsteigende Ringe setzen sich nach unten fort, können also nur von oben nach unten abgezogen werden.
Bandartige Ringe kommen bei vielen Blätterpilzgattungen vor. Diese am Stiel nur lose angehefteten Ringe fallen oft vorzeitig ab.

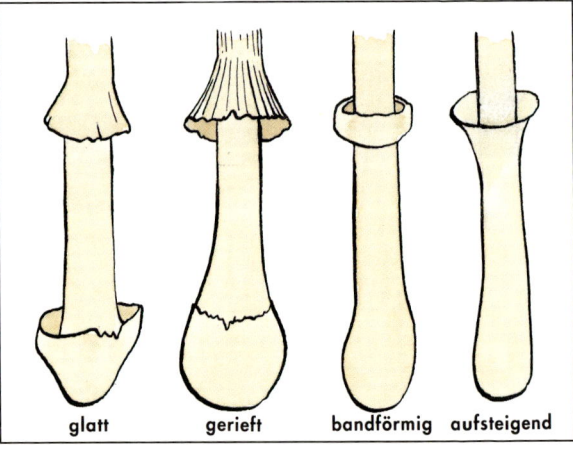

glatt   gerieft   bandförmig aufsteigend

Hutunterseite eines noch jungen Champignons.

Ring leicht entdecken, wenn man von unten auf die Fruchtschicht blickt.

Für die genauere Betrachtung eines Ringes sollten Sie junge und frische Fruchtkörper verwenden. Manche Merkmale, zum Beispiel die durch den Lamellenabdruck entstehende feine, kammartige Riefung der Oberfläche, können nämlich bei zunehmendem Alter verschwinden. An jungen Fruchtkörpern läßt sich auch leicht feststellen, ob ein Ring hängend, also nach oben abziehbar, oder aufsteigend, also nach unten abziehbar, ist. Manche Arten, zum Beispiel die Riesenschirmlinge (→ Seite 76), besitzen einen Ring, der am Stiel nicht festgewachsen und daher frei beweglich ist.

Zum Bild: Ein breiter, auf der Außenseite grob flockiger Ring schützt bei den Champignons die noch jungen Lamellen. Erst beim Aufschirmen des Hutes löst sich die Verbindung zum Hutrand.

Wenige Blätterpilze besitzen sogar zwei Ringe, so einige Champignons und der seltene, nur im Gebirge wachsende Doppelring-Trichterling *(Catathelasma imperiale)*.

Das Fleisch

Um die Beschaffenheit des Fleisches genau kennenzulernen, sollten Sie größere Fruchtkörper der Länge nach durchschneiden. Sie können dann die unterschiedlichen Strukturen in Hut und Stiel und die Festigkeit besser beurteilen.

Im allgemeinen ist das Fleisch der bodenbewohnenden Röhren- und Blätterpilze ziemlich weich; es gibt aber auch etliche Pilzgattungen, zum Beispiel Schwindlinge, die sich durch besonders zähes Fleisch auszeichnen. Von den übrigen Pilzarten können vor allem die Porlinge sehr hartes und festes Fleisch besitzen.

Verfärbungen des Fleisches
Die Farbe des Fleisches erkennen Sie im Querschnitt. Bei nicht wenigen Pilzarten verfärbt sich das Fleisch beim Anschneiden oder bei Druck. Bekannt ist die Blaufärbung von Röhrlingen, zum Beispiel Hexenröhrling, Maronenröhrling oder Satanspilz. Diese Farbänderung entsteht, wenn der im Pilzeiweiß gebundene Schwefel mit dem Luftsauerstoff in Verbindung kommt. Rückschlüsse auf die Genießbarkeit einer Pilzart sind hieraus nicht möglich.

Es gibt auch Pilzarten, deren Fleisch ohne Berührung langsam verfärbt. So wird der Perlpilz langsam rot, manche Täublinge verfärben sich im Alter völlig schwarz. Etliche Arten reagieren nur bei kräftigem Reiben; andere wiederum verfärben nur an bestimmten Teilen, zum Beispiel auf den Lamellen oder am Stielgrund. Hier ist es wieder besonders wichtig, Fruchtkörper verschiedener Altersstadien zu beobachten. Das Gilben, Bräunen oder Röten der Lamellen bei verschiedenen Ritterlingsarten (→ Seite 95) läßt sich bei jungen Pilzen überhaupt nicht feststellen.

Milchsaft
Beim Durchschneiden oder Anbrechen eines Pilzes entdeckt man noch andere Eigenschaften des Fleisches, zum Beispiel die Absonderung eines Milchsaftes bei den Milchlingen. Dieser Milchsaft kann verschiedene Färbungen (weiß, gelb, orange, rot, violett) aufweisen und sich sogar nach dem Anschnitt noch verfärben (zum Beispiel von Weiß nach Gelb oder Rosa, von Orange nach Weinrot). Auch einige kleine Helmlingsarten (→ Seite 102) besitzen einen weißen oder gefärbten Milchsaft, den Sie durch Anbrechen des Stieles leicht entdecken können.

Zum Bild: Das Fleisch der Täublinge ist besonders im Stiel mürbe und brüchig. Im Gegensatz dazu läßt sich das Stielfleisch der anderen Blätterpilze leicht in Fasern zerreißen.

Fleisch ist nicht gleich Fleisch

Schwärzende Saftlinge in verschiedenen Altersstufen.

Geruch
Das Erkennen der verschiedenen Gerüche bei den Pilzen erfordert Erfahrung. Oft entwickelt sich der typische Geruch erst an älteren Fruchtkörpern, so der Honiggeruch der Knollenblätterpilze (→ Seite 68/69). Die Palette der Pilzgerüche ist nahezu unerschöpflich. Es gibt Gerüche nach Mehl, Gurken, Kokosflocken, Honig, Kakao, Hering oder Veilchenwurzel. Manche Arten stinken widerlich nach Aas, verbranntem Horn oder verfaulten Kartoffeln.

Geschmack
Bei Kostproben mit rohen Pilzen ist größte Vorsicht geboten. Etliche Arten sind so giftig, daß selbst das Verschlucken kleinster Pilzmengen gesundheitsgefährdend sein kann. Vor einer Geschmacksprüfung müssen Sie sehr sicher sein, nicht etwa einen gefährlichen Giftpilz, wie den Grünen oder Kegelhütigen Knollenblätterpilz (→ Seite 68/69) oder

Zum Bild: Der prächtig gelbrot gefärbte Schwärzende Saftling beginnt am Hutscheitel zu schwärzen und wird im Alter völlig schwarz.

einen der sehr giftigen Schleierlinge (→ Seite 78, 112) vor sich zu haben. Sie sollten jede Kostprobe ausspucken und keinesfalls schlucken. Meist sind Kostproben nötig, um eßbare, milde und scharf schmeckende Täublingsarten voneinander zu unterscheiden.
Anfänger können so auch Verwechslungen des Steinpilzes (→ Seite 52) mit dem recht bitteren Gallenröhrling (→ Seite 53) vermeiden. In diesen Fällen genügt es meist, an der Huthaut zu lecken, um Schärfe oder Bitterkeit wahrzunehmen. Bei der Bestimmung sollten Sie nur dann zur Geschmacksprobe greifen, wenn sie unerläßlich erscheint und Sie alle übrigen Merkmale bereits sorgfältig überprüft haben.

35

Tiere an Pilzen

Pilze schmecken nicht nur dem Menschen. Er muß seine „Beute" mit einer Vielzahl anderer Lebewesen teilen, und manchem Pilzfreund vergeht die Freude an der Mahlzeit gründlich, wenn seine Steinpilze, die so kernig und frisch ausgesehen haben, mit einem Innenleben erfüllt sind, das selbst dem unempfindlichsten Pilzesser gründlich den Appetit verderben muß.

„Verwurmte" Pilze
Die „Würmer" in den Pilzen sind nichts anderes als die Maden von Pilzfliegen und Pilzmücken. Sie legen ihre Eier in junge Fruchtkörper, um der Nachkommenschaft eine für die Entwicklung notwendige Nahrungsbasis zu sichern.
Über 200 verschiedene Arten dieser Tiergruppe sind inzwischen bekannt. Unter ihnen gibt es Spezialisten, die nur bestimmte Arten aufsuchen, aber auch weniger wählerische, die jede Pilzart befallen, sofern diese nicht allzu scharf schmeckt. Die Maden, deren Eier auch in den meisten noch „gesunden" Fruchtkörpern bereits vorhanden sind, fressen

sich so geschickt durch den Stiel zum Hut hoch, daß der Pilz lange Zeit seine Standfestigkeit behält und äußerlich noch frisch aussieht. Durch Drücken des Stiels merken Sie allerdings sehr schnell, ob ein Pilz noch fest oder schon von Maden zerfressen ist.

Springschwänze
Neben den Maden begegnen Sie häufig kleinen Springschwänzen, das sind winzige, flugunfähige Insekten, die in großer Zahl zwischen den Lamellen oder den Röhren leben und Ihnen beim Umdrehen des Fruchtkörpers buchstäblich entgegenhüpfen. Sie haben sich die besonders eiweißreichen Teile des Pilzes als Nahrungsquelle ausgesucht.

Käfer
Auch eine Vielzahl von Käferarten ist auf Pilze spezialisiert. Ihre Larven ernähren sich vorwiegend von den harten Baumpilzen. Da sie in der Lage sind, selbst die härtesten Porlinge buchstäblich in Pulver zu verwandeln, sind sie vor allem in wissenschaftlichen Sammlun-

Zu den Bildern: Die Stinkmorchel (links) lockt mit ihrem widerlichen Aasgeruch Fliegen an, die die schleimige Sporenschicht regelrecht abweiden und so zur Verbreitung der Art beitragen.
Unter dem harten Hutrand des Flachen Lackporlings (rechts) hat eine Pilzmücke ihre Eier abgelegt und dadurch an der Fruchtschicht harte Vorsprünge entstehen lassen, in denen sich die vom Pilzfleisch lebenden Larven entwickeln.

Auch Tiere mögen Pilze

Nacktschnecke an einem Tonblassen Schüppling.

gen sehr gefürchtet. Es gibt auch etliche räuberische Käferarten, die an Pilzen leben und den in den Fruchtkörpern lebenden Pilzmaden nachjagen.

Schnecken
Schließlich sind dann noch die Nacktschnecken am Werk. In lauen Sommernächten und bei Regen verspeisen sie in kurzer Zeit Fruchtkörper von beträchtlicher Größe. Ist das Wetter besonders günstig, können sie einen Pilzfreund auch bei reichlichem Pilzwachstum um nahezu seine gesamte erhoffte Ernte bringen.

Pilzgifte und Tiere
Die von Pilzen lebenden Tiere können deren Geschmack wesentlich anders als der Mensch empfinden und auch auf die enthaltenen Giftstoffe völlig unempfindlich reagieren; sie meiden nicht wenige Arten, die wir als ausgezeichnete Speisepilze schätzen, andererseits schei-

Zum Bild: Eine Nacktschnecke verspeist die Fruchtschicht eines Tonblassen Schüpplings. In feuchten und warmen Nächten sind die Schnecken – sehr zum Leidwesen der Pilzsammler – besonders aktiv.

nen die für uns tödlichen Knollenblätterpilze gerade den Schnecken besonders zu munden.
Es wäre also vollkommen unsinnig und gefährlich, wenn Sie aus Maden- oder Schneckenbefall irgendwelche Rückschlüsse auf die Genießbarkeit einer Pilzart ziehen würden.

Gallbildungen an Pilzen
Einige Pilzfliegen lösen Gallbildungen an Pilzen aus. Um die sich entwickelnden Larven bilden sich tonnenförmige Wucherungen, in denen die nächste Insektengeneration heranwächst.

37

Giftpilze – Pilzgifte

Seit Pilze gegessen werden, hat es auch Pilzvergiftungen gegeben. Im alten Rom bereitete man sich die Pilze selbst zu, um nicht Opfer rachsüchtiger Sklaven zu werden. Trotz aller Warnungen führt gedankenloser Leichtsinn jedes Jahr zu schweren Vergiftungen. Dabei müssen es nicht immer lebensbedrohende Knollenblätterpilze sein. Aus nahezu allen Pilzfamilien sind Giftpilze bekannt geworden, und es bleibt Ihnen als Pilzfreund nicht erspart, jede Art, die Sie für Speisezwecke verwenden möchten, genau kennenzulernen. Sie dürfen auch niemals Kostversuche mit unbekannten Pilzen unternehmen.

Auf den folgenden Seiten erfahren Sie alles Wissenswerte über die gefährlichsten Pilzgifte und ihre Wirkungsweise.

Amanitin

Die meisten tödlich verlaufenden Pilzvergiftungen gehen auf den Genuß des Grünen oder des Kegelhütigen Knollenblätterpilzes zurück. Beide Pilzarten enthalten dieselben Gifte in derselben Konzentration und wirken völlig gleich. Von den insgesamt 12 nachgewiesenen Giften, die für den Menschen mehr oder weniger stark toxisch sind, ist vor allem das die Leber zerstörende α-Amanitin für die tödlichen Vergiftungsfälle verantwortlich. Seine Wirkung setzt in den meisten Fällen zwischen 10 und 11 Stunden nach der Mahlzeit ein. Heftige Magenbeschwerden mit Erbrechen und Durchfall sind das erste Anzeichen. Gleichzeitig kommt es zu Blutdruckabfall, Pulsanstieg, Schockzuständen und starker Austrocknung. Nach 1 bis 2 Tagen stellt sich bei entsprechender Behandlung eine scheinbare Besserung ein, bis sich die ersten Anzeichen einer Leberschädigung bemerkbar machen. Der Tod tritt, eine ausreichende Gift-

menge vorausgesetzt, nach 4 bis 7 Tagen ein und ist fast immer auf Leberversagen zurückzuführen.

Amanitin ist ein sehr beständiges Gift. Es wird durch Abkochen in seiner Wirkung nicht im geringsten beeinträchtigt. Getrocknete Knollenblätterpilze besitzen selbst nach 10 Jahren noch die volle Giftwirkung. Im allgemeinen genügen 50 Gramm Frischpilze, um einen erwachsenen Menschen zu töten. Die Überlebenschance bei einer Knollenblätterpilzvergiftung hängt in erster Linie von der Menge der gegessenen Pilze und vom Beginn der die Leber schützende Therapie ab. Dabei hat sich das aus der Mariendistel gewonnene und den Leberstoffwechsel beeinflussende Sylibin in den letzten Jahren als besonders wirksames Mittel erwiesen. Außer in den beiden Knollenblätterpilzen wurde Amanitin in hoher Dosierung auch im Gifthäubling (→ Seite 78) nachgewiesen. Dieser Doppelgänger des eßbaren Stockschwämmchens hat in den letzten Jahren wiederholt schwere Vergiftungen verursacht.

Neben etlichen weiteren Häublingsarten enthalten auch einige seltene Schirmlingsarten Amanitin als Giftstoff. Ihr Genuß kann ebenfalls zu schweren, unter Umständen tödlichen Vergiftungen führen, doch treten solche wegen der Seltenheit dieser Pilze nur in Ausnahmefällen auf.

Für den Nachweis, ob eine Pilzmahlzeit tatsächlich amanitinhaltige Giftpilze enthalten hat, gibt es eine recht einfach klingende Testmethode: Ein Stück Pilz, zum Beispiel von Putzresten, dagegen aber nicht von gekochten Pilzen, wird ausgepreßt und der Saft auf holzhaltiges Zeitungspapier geträufelt. Nach dem Eintrocknen der Flüssigkeit wird etwas konzentrierte Schwefelsäure auf die

Grüner Knollenblätterpilz (links) mit seiner reinweißen Abart (rechts) – Tödlich giftig!

vorher markierte Stelle gebracht. Falls das Pilzstückchen Amanitin enthält, färbt sich das Papier blau. Es gibt aber eine Reihe weiterer Pilzarten mit einer ähnlichen Reaktion, die nicht giftig sind und eine meist etwas intensivere, mehr blauviolette Färbung zeigen. Der Test sollte deshalb nur von erfahrenen Personen durchgeführt werden.

Zum Bild: Der Grüne Knollenblätterpilz gehört zusammen mit dem Kegelhütigen Knollenblätterpilz (→ Seite 69) zu den giftigsten Pilzen Europas. Schon 50 Gramm können einen erwachsenen Menschen töten.

Gyromitrin

Die Frühlorchel (→ Seite 136) führt, obwohl sie in Osteuropa seit alters her als Speisepilz verwendet wird, immer wieder zu schweren, nicht selten tödlichen Vergiftungen, und zwar auch dann, wenn die Pilze vorher mehrfach abgekocht und das Kochwasser entfernt wurden. Der die Vergiftung auslösende Stoff, das Gyromitrin, wurde erst in jüngerer Zeit entdeckt. Es wirkt auf den menschlichen Körper ähnlich wie das Amanitin der Knollenblätterpilze. Durch längeres Kochen läßt sich das Gift anscheinend weitgehend zerstören; es geht aber auch in Wasserdampf über und kann sogar durch Einatmen des Kochdampfes zu Vergiftungen führen. Getrocknete Frühlorcheln gelten als ungiftig, da sich der größte Teil des Giftes verflüchtigt. Da jedoch Spuren des Giftes und seiner Abbauprodukte zurückbleiben, kann man auch getrocknete Frühlorcheln nicht empfehlen.

Die Frühlorchel war früher ein häufig gehandelter Marktpilz. Sie wurde sogar für Pilzkonserven verwendet und war beispielsweise in dem beliebten „Leipziger Allerlei" enthalten. Ihr Verkauf für Speisezwecke ist inzwischen nicht mehr erlaubt.

Muskarin

Das Muskarin wurde zuerst im Fliegenpilz entdeckt, ist dort aber nur in geringen, kaum zur Wirkung kommenden Mengen enthalten. Es wirkt rasch und heftig auf den Kreislauf, löst Schweißausbrüche und Angstzustände sowie Erbrechen und kolikartige Bauchschmerzen aus und führt in genügend hoher Dosierung zum Tod durch Herzversagen. Glücklicherweise gibt es in der Natur ein Gift, das die Muskarinwirkung weitgehend aufhebt, und zwar Atropin, das Gift der Tollkirsche. Bei rechtzeitiger Behandlung durch einen Arzt ist eine Muskarin-Vergiftung deshalb heutzutage kaum noch lebensbedrohend.

Muskarin ist in großer Menge vor allem in vielen Rißpilzen (→ Seite 45, 113) enthalten.

Weitere stark muskarinhaltige Arten finden sich unter den Gifttrichterlingen (→ Seite 89). Geringe Mengen von Muskarin, die sich jedoch kaum auf den Organismus auswirken, wurden auch in Arten gefunden, die sogar als Speisepilze verwendet werden können, so zum Beispiel im Netzstieligen Hexenröhrling (→ Seite 54).

Auch der Rettichhelmling (→ Seite 101) enthält Muskarin.

Zum Bild: Neben dem Weißen Gifttrichterling (→ Seite 89) gehört auch der Rinnigbereifte Trichterling zu den Giftpilzen mit hohem Muskaringehalt.

Junger Fliegenpilz.

Ibotensäure – Fliegenpilzgift

Obwohl immer wieder berichtet wird, daß Fliegenpilze ohne Schaden verzehrt worden sind, gehört dieser schönste Pilz des Waldes unumstritten zu den ernst zu nehmenden Giftpilzen. Als Wirkstoff wurde die sogenannte Ibotensäure analysiert. Sie ist vor allem im Fleisch und in den Lamellen konzentriert, und es ist absolut falsch, zu glauben, durch das Abziehen der Huthaut könne der Pilz weniger giftig oder gar genießbar gemacht werden. Wir raten Ihnen dringend ab, durch wiederholtes Abkochen und Weggießen des Kochwassers Fliegenpilze zu „entgiften".

Die Ibotensäure wird im Körper zu Muscimol abgebaut, das in erster Linie das Zentralnervensystem angreift und zu Bewußtseinsstörungen, Halluzinationen und Rauschzuständen führt. In Osteuropa und auch in anderen Ländern wird der Pilz deshalb als Rauschdroge benutzt. Da es hierbei zu einer Überrei-

Zum Bild: Der Fliegenpilz, zweifellos der schönste Pilz unserer Wälder, gilt als Symbol für die Schönheit, aber auch die Giftigkeit unserer Pilze. Schon im 16. Jahrhundert wurde sein Saft zum Töten von Fliegen verwendet und auch heute noch ist er in fremden Ländern aus Rauschdroge gebräuchlich. Sein Gift ist kaum lebensbedrohend.

zung des Nervensystems mit möglicherweise tödlichem Ausgang kommen kann, raten wir Ihnen vor Eigenversuchen mit diesem heimtückischen Pilz dringend ab. Der recht ähnliche Pantherpilz (→ Seite 72) enthält die gleichen Giftstoffe wie der Fliegenpilz und wirkt im allgemeinen noch heftiger. Vergiftungen kommen vor allem bei Verwechslungen mit dem Perlpilz (→ Seite 73) vor; Todesfälle sind nicht nachgewiesen.

Pilze kennenlernen

Pilzgifte mit Langzeitwirkung

Aus dem Spitzgebuckelten Rauhkopf (→ Seite 112) und einigen nahe verwandten, ähnlich aussehenden Schleierlingen wurde in den letzten Jahrzehnten eine Gruppe von Giften isoliert, die nach *Cortiniarius orellanus,* dem Orangefuchsigen Schleierling und gefährlichsten Giftpilz dieser Gruppe Orellanine genannt werden. Die Vergiftung mit diesen Pilzen verläuft äußerst heimtückisch. Nach heftigen Magen-Darmbeschwerden, die allerdings in vielen Fällen völlig ausbleiben, kommt es nach ein bis zwei Wochen zu Störungen der Nierenfunktion, die häufig nicht als Ursache einer Pilzvergiftung erkannt werden. Ohne Behandlung verläuft die Vergiftung nicht selten tödlich; die Genesung dauert unter Umständen über ein Jahr, und es kann zu bleibenden Nierenschäden kommen.

Als noch heimtückischer hat sich der Kahle Krempling (→ Seite 85) erwiesen, seit alters her als roh sehr giftig, gekocht jedoch als ausgezeichneter Speisepilz bekannt. Einzelne Mahlzeiten dieses Pilzes sind völlig unbedenklich. Wiederholter Genuß führt jedoch zu einer plötzlich einsetzenden Abwehrreaktion gegen einen bisher unbekannten Wirkstoff. Diese schlagartigen Vergiftungen mit einem leukämieähnlichen Krankheitsbild können auch nach jahrelangem Verzicht auf diese Pilzart eintreten und sind schon wiederholt tödlich verlaufen. Vor einem Genuß dieses in vielen Pilzbüchern noch als eßbar angegebenen Pilzes wird daher dringend abgeraten. Eine ähnliche Wirkung wurde auch schon anderen Pilzarten nachgesagt, so zum Beispiel dem Butterpilz (→ Seite 59), hat sich aber bisher nicht bestätigt.

Pilze und Alkohol

Der Faltentintling (→ Seite 106), ein sehr wohlschmeckender Speisepilz, enthält eine inzwischen chemisch analysierte Substanz, die den Namen Coprin trägt und den Alkoholabbau im menschlichen Körper blockiert. Wird ein bis zwei Tage nach einer Mahlzeit dieses Pilzes Alkohol auch nur in sehr geringen Mengen getrunken oder mit Arzneimitteln eingenommen, kommt es zu äußerst heftigen Reaktionen, die unter Umständen sogar tödlich verlaufen können. Der Pilz selbst ist völlig ungiftig; er macht sozusagen den Alkohol nur noch giftiger als dieser ohnehin schon ist.

Coprin wurde inzwischen auch in einigen wenigen anderen Pilzarten nachgewiesen, ohne daß jedoch bisher ver-

Unechte Pilzvergiftungen

Der Tigerritterling – ein besonders heimtückischer Pilz.

gleichbare Vergiftungserscheinungen bekanntgeworden sind. Gelegentlich wird von Unverträglichkeitsreaktionen beim Genuß von Hexenröhrlingen zusammen mit Alkohol berichtet, was aber wohl eher auf eine ungenügende Kochzeit des Pilzgerichts als auf Alkoholgenuß zurückzuführen sein dürfte.

Andere Pilzvergiftungen

Außer den Giftpilzen, deren Inhaltsstoffe auf bestimmte Körperfunktionen einwirken und von denen in vielen Fällen die chemische Struktur und die Wirkungsweise bekannt sind, gibt es noch zahlreiche Arten, die Verdauungsstörungen verursachen, ohne eigentlich giftig zu sein. Wenn die Magen-Darmbeschwerden länger anhalten, ist die Bezeichnung „Giftpilz" sicher gerechtfertigt.
Die Ursachen dieser Vergiftungserscheinungen bei Genuß solcher zum Teil sogar recht wohlschmeckender Pilze

Zum Bild: Der Tigerritterling (→ Seite 96) schmeckt ausgezeichnet, verursacht aber heftige und tagelang anhaltende Magen-Darmbeschwerden.

sind bis heute nicht bekannt, da noch keine Giftstoffe analysiert werden konnten. Unter den Röhrlingen gilt der Satanspilz, von dem bereits geringste Mengen, im Rohzustand verschluckt, die Verdauung tagelang auf das heftigste beeinflussen, als einziger Giftpilz. Von den Lamellenpilzen sind es vor allem der Riesen-Rötling (→ Seite 92) und der Tigerritterling (→ Seite 96), deren angenehmer Mehlgeschmack schon manchen Pilzfreund zu einer bald bitter bereuten Pilzmahlzeit verleitet hat.

Was tun bei Verdacht auf Pilzvergiftung?

- Sofort Magen entleeren. Lauwarmes Salzwasser (bei Kindern nur Wasser!) trinken und dadurch Brechreiz auslösen. Kein Abführmittel nehmen!
- Sofort einen Arzt oder eine Giftnotrufzentrale verständigen.
- Putzreste, Essensreste und Erbrochenes sicherstellen, da hiermit eventuell eine Diagnose der Vergiftung möglich ist.
- Alle Personen, die von dem Gericht gegessen haben, sollten ebenfalls sofort in ärztliche Behandlung, auch wenn sie (noch) keine Beschwerden verspüren.
- Treten Vergiftungserscheinungen erst sehr spät, meist 10 bis 11 Stunden nach der Mahlzeit auf, besteht der Verdacht einer Knollenblätterpilzvergiftung, die nur in einer Klinik behandelt werden kann.
- Auch bei rasch einsetzenden Vergiftungserscheinungen, die meist auf den Verzehr nicht lebensbedrohender Pilze hindeuten, sofort einen Arzt aufsuchen. Es ist nämlich nicht auszuschließen, daß weitere Giftpilze, die erst später wirken, in der Mahlzeit enthalten waren.

Behandlungszentralen für Vergiftungsfälle

Deutschland

Universitätsklinik Charlottenburg, 1000 Berlin 19, Spandauer Damm 130, Tel. (030) 3035-1
Beratungsstelle für Vergiftungserscheinungen an der Universitäts-Kinderklinik, 1000 Berlin 19, Heubnerweg 6, Tel. (030) 3023022
Informationszentrale gegen Vergiftungen an der Universitäts-Kinderklinik, 5300 Bonn, Adenauerallee 119, Tel. (0228) 2606-1

Städt. Klinikum Med. 1 – Intensiv, 3300 Braunschweig, Salzdahlumer Str. 90, Tel. (0531) 62290
Klinikum für Innere Medizin, Intensivstation, 2800 Bremen, St.-Jürgen-Str., Tel. (0421) 4975268
Universitäts-Kinderklinik, 7800 Freiburg, Mathildenstr. 1, Tel. (0761) 270-4361
Universitäts-Kinderklinik und Poliklinik, 3400 Göttingen, Humboldtallee 38, Tel. (0551) 396239, 396241
Giftinformationszentrum Hamburg, 2000 Hamburg 60, Rübenkamp 148, Tel. (040) 6385-345 oder 6385-346
Vergiftungszentrale der Universitäts-Kinderklinik, 6650 Homburg-Saar, Tel. (06841) 162257, 162846
Erste Medizinische Universitätsklinik, 2300 Kiel, Schittenhelmstr. 12, Tel. (0431) 5974268
Städt. Krankenanstalten Kemperhof, Medizinische Klinik, 5400 Koblenz, Koblenzer Str. 115–155, Tel. (0261) 499-1
Medizinische Klinik der Städt. Krankenanstalten, Entgiftungszentrale, 6700 Ludwigshafen, Bremserstr. 79, Tel. (0621) 503431
Zweite Medizinische Universitätsklinik, 6500 Mainz, Langenbeckstr. 1, Tel. (06131) 232466
Toxikologische Abteilung Klinik rechts der Isar, 8000 München 80, Ismaninger Str. 22, Tel. (089) 4140-2211
Medizinische Universitätsklinik, 4400 Münster, Domagkstr. 3, Tel. (0251) 836245 oder 836259
Toxikologische Intensivstation der 2. Medizinischen Klinik, 8500 Nürnberg 5, Flurstr. 17, Tel. (0911) 3982451

Österreich

I. Med. Universitätsklinik, 1090 Wien, Spitalgasse 23, Tel. (0222) 424343

Schweiz

Schweizerisches Toxikologisches Informationszentrum, 8030 Zürich, Klosbachstr. 107, Tel. (01) 251666

Hilfe bei Pilzvergiftungen

Kegelhütiger Rißpilz – ein stark muskarinhaltiger Pilz.

Unechte Pilzvergiftungen

Unter diesem Begriff werden Vergiftungserscheinungen zusammengefaßt, wie sie gelegentlich nach dem Verzehr von ansonsten als unbedenklich bekannten Speisepilzen bei empfindlichen Personen auftreten können. Sie können durch übermäßigen Pilzgenuß, aber auch durch bereits verdorbene Pilze ausgelöst werden und dann durchaus sehr ernst, unter Umständen sogar lebensbedrohend verlaufen. „Eingebildete" Pilzvergiftungen nach dem Genuß völlig unbedenklicher Speisepilze werden nachträglich durch das Angstgefühl, einen Giftpilz gegessen zu haben, ausgelöst. Hierbei können Herzklopfen, Schweißausbrüche, Bauchschmerzen und Übel

Zum Bild: Der Kegelhütige Rißpilz (*Inocybe rimosa*) gehört zusammen mit dem Ziegelroten Rißpilz (→ Seite 112) und dem Seiden-Rißpilz (→ Seite 113) zu den stark muskarinhaltigen Rißpilzarten.

keit in so starkem Maße auftreten, daß sie nicht mehr von einer echten Pilzvergiftung zu unterscheiden sind.

45

Grubige Milchlinge und andere Blätterpilze im herbstlichen Mischwald.

Pilze
bestimmen

Scheinbar wahllos verstreut begegnen uns die Pilze auf unseren Streifzügen durch den herbstlichen Wald. Trotzdem wachsen sie nach den strengen Gesetzen der Natur. Jede Art ist auf Lebensbedingungen angewiesen, die es ihr ermöglichen, sich gegen die Konkurrenz anderer Pilzarten durchzusetzen und Fruchtkörper zu bilden. So bestimmen Klima und Bodenunterlage das Vorkommen einer Pilzart ebenso wie die vorhandenen Baumarten. Ein eingestreuter Laubbaum kann eine ganze Reihe von Pilzarten in einen Nadelwald hineinzaubern. Sonnige, trockene und warme Abhänge im Laubwald beherbergen ganz andere Pilze wie feuchte, moosige Nadelwälder.

Ratschläge und Tips fürs Bestimmen

Gu-Kennfarben-Code als Bestimmungshilfe
Im folgenden Bestimmungsteil sind die Pilze nach leicht erkennbaren Merkmalen in vier Farbgruppen aufgeteilt.

 Grüner Kennstreifen:
Auf den Seiten 50 bis 65 finden Sie Pilze, die deutlich in Hut und Stiel gegliedert sind und auf der Unterseite eine löcherige Röhren- oder Porenschicht aufweisen.

 Blauer Kennstreifen:
Auf den Seiten 66 bis 81 finden Sie Lamellenpilze, deren Stiel deutlich beringt ist.

 Gelber Kennstreifen:
Auf den Seiten 82 bis 123 finden Sie Lamellenpilze, deren Stiele stets unberingt sind.

Roter Kennstreifen:
Auf den Seiten 124 bis 137 finden Sie Stachelpilze, Stäublinge, Morcheln und weitere Pilzarten, die zu keiner der drei vorangehenden Gruppen gehören.

Die Silhouetten
In Ergänzung zum Farbstreifen finden Sie die folgenden Silhouetten:

 Röhrlinge oder Porlinge

 Lamellenpilze, Stiel mit Ring

 Lamellenpilze, Stiel ohne Ring

 Sonstige Pilze

Symbole und Abkürzungen

 Der Pilz ist selten und sollte aus Gründen des Naturschutzes geschont werden.

 Der Pilz ist giftig oder sogar tödlich giftig.

 Der Pilz ist als Speisepilz zu empfehlen.
Achten Sie hier besonders auf Arten, mit denen Sie diese Pilze verwechseln könnten.

Erklärungen zum Bestimmungsteil

Die Auswahl der Arten

In diesem GU-Naturführer finden Sie wichtige und häufigere Pilzarten Mitteleuropas. Vor allem diejenigen Pilzarten, die in Wäldern wachsen und von Naturfreunden und Pilzsammlern beachtet werden, lassen sich sicher und zuverlässig erkennen, sofern die in den Steckbriefen gegebenen Hinweise zu den einzelnen Arten sorgfältig beachtet werden. Von den Pilzgruppen, die schwierig zu bestimmen sind, wurden nur einzelne, leichter kenntliche Vertreter mit aufgenommen.

Die Steckbriefe

Alle Farbfotos sind in freier Natur aufgenommen worden und zeigen die Pilze mit allen für eine Bestimmung wesentlichen Merkmalen. Vielfach werden wichtige Kennzeichen durch zusätzliche Detailaufnahmen besonders herausgestellt. Im Laufe der Entwicklung können die Pilzfruchtkörper ihr Aussehen stark verändern. Ganz junge, überalterte oder vom üblichen Aussehen stark abweichende Einzelexemplare sollten deshalb nicht für eine Bestimmung herangezogen werden.
Die Beschreibungstexte enthalten alle Angaben, die zum sicheren Erkennen erforderlich sind, in knapper und genauer Form.

Pilznamen: Angegeben ist jeweils der gebräuchliche deutsche und der wissenschaftliche Name nach dem neuesten Stand der botanischen Nomenklatur. Da sich die wissenschaftliche Namensgebung zur Zeit in einer Umbruchsphase befindet, können die hier verwendeten lateinischen Namen von denen in älteren Büchern teilweise erheblich abweichen.
Jeder Steckbrief enthält folgende Angaben:
Hut: Hutform junger und ausgewachsener Fruchtkörper, Farbe und Größe sowie besondere Hinweise auf die Hutoberfläche.
Lamellen bzw. Röhren: Form und Farbe der Fruchtschicht bei Lamellen- und Röhrenpilzen.
Stiel: Form und Farbe des Stiels, Hinweis auf Besonderheiten, wie Ring oder Gürtelzone.
Fleisch: Beschaffenheit, Geruch und Geschmack des Fleisches, sofern dies für eine Bestimmung wesentlich ist.
Vorkommen: Hinweise auf die Waldart und Bodenunterlage sowie begleitende Baumarten, wo der Pilz in der Regel gefunden wird.
Bestimmungstip: Wichtige Merkmale, auf die besonders geachtet werden muß sowie nähere Erläuterungen zur Verwendung als Speisepilz bzw. Warnungen bei Giftpilzen
Ähnliche Arten: Hinweis auf häufigere Arten, mit denen die Art leicht verwechselt werden kann. Die Erscheinungszeit wurde nur angegeben, wenn sie meist von der üblichen Pilzzeit, also zwischen Juli und September, abweicht.

Bitte beachten Sie, daß es außer den abgebildeten und beschriebenen Arten noch zahlreiche weitere Arten gibt, die schwierig zu bestimmen sind und unter denen sich auch Giftpilze befinden können. Verwenden Sie deshalb auch die in diesem Buch als eßbar bezeichneten Pilze erst dann für Speisezwecke, wenn Sie diese in allen Erscheinungsformen genau kennen.

Kennfarbe Grün

Röhrlinge und Porlinge

Unter den Röhrenpilzen befinden sich die bekanntesten und beliebtesten Speisepilze. Nahezu alle Arten leben in einer engen Partnerschaft mit verschiedenen Baumarten, sie werden deshalb immer nur in Wäldern oder in der Nähe von Bäumen gefunden. Die Fruchtschicht auf der Hutunterseite ist als schwammig-weiche, alt meist gelb oder oliv gefärbte Röhrenschicht ausgebildet und vom Hutfleisch ablösbar. Porenpilze, die ebenfalls deutlich in Hut und Stiel gegliedert sind, lassen sich anhand der nicht oder nur sehr schlecht ablösbaren, meist in das Hutfleisch eingebohrten Porenschicht von den Röhrlingen unterscheiden.

Diese Gruppe stattlicher, gesunder Steinpilze im spätsommerlichen Gebirgswald läßt das Herz eines jeden Pilzfreundes höher schlagen.

Steinpilz – Eßbar

Steinpilz – Eßbar

Steinpilz, Stiel und Röhren

Das Netz an der Stielspitze des Steinpilzes (Bild rechts unten) ist hell und engmaschig.

Steinpilz, Herrenpilz

Boletus edulis
Röhrlingsartige
Hut: Jung polsterförmig gewölbt, dann zunehmend
flach, dickfleischig, hell- bis
satt kastanienbraun; feucht
etwas schmierig; bis über 15
cm breit werdend.
Röhren: Jung weißgrau,
dann gelb, alt olivgrün, um
den Stiel tief ausgebuchtet,
englöcherig.
Stiel: Keulig, derb, später
langgestreckt, auf hellem
Grund rotbraun längsmar-
moriert, an der Spitze mit
heller Netzzeichnung.
Fleisch: Weiß, im Schnitt

nicht verfärbend, mild mit
angenehmem, nußartigem
Geschmack.
Vorkommen: In Nadelwäl-
dern unter Fichten und Kiefern in manchen Jahren nicht
selten.
Bestimmungstip: Dieser
wohl begehrteste aller Speisepilze ist ebenso wie seine
nächsten Verwandten kaum
zu verkennen, wenn man auf
den braunen Hut und die
jung weißgrauen, später über
gelb bis oliv gefärbten
Röhren achtet.
Ähnliche Arten: Der **Som-
mer-Steinpilz** *(Boletus reti-
culatus)* wächst unter Laub-

bäumen und unterscheidet
sich durch einen helleren,
fein samtigen Hut sowie einen fein längsnetzigen Stiel.
Der **Kiefern-Steinpilz** *(Boletus pinophilus)* besitzt einen
sehr dunklen, kaum netzigen
Stiel und wächst vor allem in
Nordeuropa und in den Al-
pen unter Kiefern und
Weißtannen.
Der wegen seiner Bitterkeit
ungenießbare **Gallenröhrling**
unterscheidet sich durch
eine im Alter rosafarbene
Röhrenschicht.

Gallenröhrling – Ungenießbar

Gallenröhrling – Ungenießbar

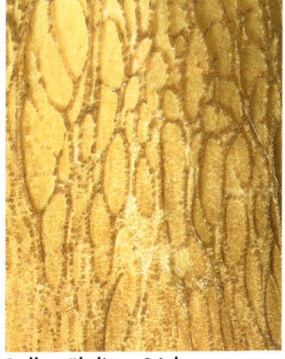

Gallenröhrling, Stiel

Der Stiel des Gallenröhrlings zeigt eine dunkle, langgezogene Netzzeichnung.

Gallenröhrling
Tylopilus felleus
Röhrlingsartige

Hut: Jung halbkugelig, dann breit polsterförmig gewölbt, dickfleischig, rötlich- oder gelbbraun, matt, nur bei Regen etwas schmierig; bis über 10 cm breit.

Röhren: Jung weißgrau, dann rosa, alt bei Druck etwas bräunend, englöcherig und alt um den Stiel ausgebuchtet.

Stiel: Keulig oder gleichdick, mit einer bald bräunenden, längsmaschigen und grubig vertieften Netzzeichnung.

Fleisch: Weiß, im Schnitt nicht verfärbend, mit angenehmem Geruch und sehr bitterem Geschmack, der bereits beim Belecken der Huthaut mit der Zungenspitze zu bemerken ist.

Vorkommen: Einzeln oder gesellig vor allem in Nadelwäldern zwischen Moos und Streu, ziemlich häufig.

Bestimmungstip: Ausgewachsene Fruchtkörper sind an den rosafarbenen, niemals gelb- oder grünwerden-den Röhren leicht zu kennen. Im Jugendstadium sieht man schon bald die dunkle Netzzeichnung am Stiel. Mitunter hilft jedoch in Zwei-felsfällen nur eine Geschmacksprobe. Wegen seiner Bitterkeit ungenießbar. Enthält Spuren des Pilzgiftes Muskarin (→ Seite 40), ist aber wohl nicht wirklich giftig.

Ähnliche Arten: **Steinpilze** unterscheiden sich durch eine gelbe und dann olivgrünwerdende Röhrenschicht sowie niemals dunkle Netzzeichnung am Stiel.

Flockenstieliger Hexenröhrling – Eßbar

Netzstieliger Hexenröhrling

Flockenstieliger und Netzstieliger Röhrling unterscheiden sich vor allem durch ihre Stielzeichnung (Namen!) voneinander. Beides sind gute Speisepilze, die allerdings gut gekocht werden müssen.

Netzstieliger Hexenröhrling

Flockenstieliger Hexenröhrling
Boletus erythropus
Röhrlingsartige
Hut: Jung halbkugelig, später polsterförmig gewölbt, dunkelgrau- bis schwarzbraun, feinfilzig, nur bei Regen schmierig; bis über 10 cm breit.
Röhren: Jung gelb mit dunkel karminroten, später orangeroten Poren, alt oliv, bei Berührung sofort dunkel blauschwarz anlaufend.
Stiel: Entweder derb keulig oder gleichdick und schlank; auf ganzer Länge flockig, niemals mit Netzzeichnung,

bei Berührung sofort blauschwarz verfärbend.
Fleisch: Im Schnitt gelb, sofort dunkelblau anlaufend, mit angenehmem Geruch und mildem Geschmack.
Vorkommen: In Laub- und Nadelwäldern, besonders im Bergland, häufig.
Bestimmungstip: Nur an dem feinflockigen, niemals netzigen Stiel und den jung karminroten Poren sicher von anderen ähnlichen **Röhrlingen** zu unterscheiden. Wohlschmeckender Speisepilz, sollte stets gut gekocht werden.
Ähnliche Arten: Der **Netz-**

stielige Hexenröhrling (*Boletus luridus*) unterscheidet sich durch heller olivbraunen Hut, mehr orangefarbene Poren und eine längsmaschige Netzzeichnung am Stiel. Er ist gut gekocht ein guter Speisepilz. Der giftige **Satanspilz** unterscheidet sich durch grauen Hut und in der Mitte roten Stiel.

Schönfuß-Röhrling
Boletus calopus
Röhrlingsartige
Hut: Jung halbkugelig, dann polsterförmig gewölbt, hellgrau und alt schwach bräunend; bis 15 cm breit.

Schönfuß-Röhrling

Schönfuß-Röhrling – Ungenießbar

Der Satanspilz unterscheidet sich vom Schönfuß-Röhrling durch karmin- bis orangerote Röhrenmündungen.

Satanspilz – Giftig

Röhren: Gelb mit ebenfalls gelben Poren, alt oliv, englöcherig, etwas blauend.
Stiel: Keulig oder gleichdick, hellgelb mit roter Netzzeichnung, gegen den Grund fast immer kräftig karminrot.
Fleisch: Gelblichweiß, im Anschnitt blauend, geruchlos, meist bitter schmeckend.
Vorkommen: In Nadelwäldern, seltener im Laubwald.
Bestimmungstip: Der Schönfuß-Röhrling sieht wie ein **Satanspilz** aus, hat aber gelbe Poren. Wegen seines bitteren Geschmacks ungenießbar, kann Verdauungsbeschwerden auslösen.

Satanspilz
Boletus satanas
Röhrlingsartige
Hut: Schon jung dick polsterförmig bis halbkugelig, anfangs hellgrau, dann graugelb bis hellocker, matt; bis über 25 cm breit.
Röhren: Gelb mit karminroten Poren, im Alter schmutzigoliv, aber die Porenmündungen lange rot bleibend, bei Druck blauend.
Stiel: Sehr dick, keulig und auffallend kurz, hellgelb und an der Spitze mit Netzzeichnung, in der Mitte häufig karminrot getönt.
Fleisch: Gelblichweiß, im

Anschnitt langsam blauend, frisch geruchlos, im Alter stark aasartig stinkend.
Vorkommen: Sehr selten im Sommer in warmen Laubwäldern unter Rotbuchen.
Bestimmungstip: Am hellgrauen Hut, den roten Poren und dem nur in der Mitte roten Stiel sowie dem Standort in Laubwäldern erkennbar. Löst vor allem roh genossen, Verdauungsstörungen aus.
Ähnliche Arten: Der **Rosahütige Röhrling** (*Boletus rhodoxanthus*) wird auf dem Hut rosa. Er sollte wegen seiner Seltenheit geschont werden.

Maronenröhrling – Eßbar

Maronenröhrling – Eßbar

Das Fleisch des Maronen-
röhrlings blaut nur
schwach, der Stiel ist marmoriert, aber nicht ge-
netzt.

Maronenröhrling
Xerocomus badius
Röhrlingsartige
Hut: Jung halbkugelig bis
konvex, später flach, dickfleischig, bald kastanienbraun, feinsamtig, feucht
schleimig; meist 8–12 cm
breit.
Röhren: Jung blaß gelbgrün,
dann hellgrün, zuletzt oliv
und bei Druck schwach blaugrün anlaufend, englöcherig.
Stiel: Gleichdick, schlank,
selten auch bauchig, auf
ganzer Länge hell kastanienbraun marmoriert.
Fleisch: Gelblichweiß, im
Stiel bräunlich, im Anschnitt
schwach blauend, mild mit
angenehmem Geruch.
Vorkommen: Gesellig unter
Fichten und Kiefern, häufig,
nur in den Alpen seltener.
Bestimmungstip: Der Maro-
nenröhrling kommt in Na-
delwäldern vor. Hut feinsamtig, bei feuchtem Wetter
schleimig, vorzüglicher Speisepilz, der sich für alle Zube-
reitungsarten eignet. In manchen Gegenden stark radioaktiv belastet!
Ähnliche Arten: Die **Ziegenlippe** hat eine weitlöcherige
chromgelbe Röhrenschicht.
Der **Rotfußröhrling** besitzt
weicheres, gelbes Fleisch
und am Stiel häufig kirsch-
rote Farben.

Rotfußröhrling
*Xerocomus chrysen-
teron*
Röhrlingsartige
Hut: Polsterförmig gewölbt
bis halbkugelig, alt auch
flach, jung dunkeloliv- bis
umbrabraun, auch fast
schwarz, matt und trocken,
nicht filzig, später hell graubraun bis oliv und häufig fel-
derig aufreißend, an den Ris-
sen und Madenfraßstellen
oft kirschrot verfärbend;
meist 3–8 cm breit.
Röhren: Jung hellgelb, dann

Rotfußröhrling – Eßbar

Rotfußröhrling – Eßbar

Ziegenlippe, Hutunterseite

Die Röhrenschicht der
Ziegenlippe ist leuchtend
chromgelb gefärbt.

Ziegenlippe – Eßbar

zunehmend oliv, englöcherig, bei Druck unveränderlich oder schwach blauend.
Stiel: Gleichdick, kräftig karminrot überlaufen, im Spätherbst häufig reingelb.
Fleisch: Hell zitronengelb, meist blauend, im Hut sehr weich, mild.
Vorkommen: Vom Sommer bis Spätherbst in Laub- und Nadelwäldern, einer unserer häufigsten Röhrenpilze.
Bestimmungstip: Sehr veränderliche Art mit stark wechselnder Hutfarbe. Hut feldering rissig werdend, kirschrot verfärbend. Nur junge Fruchtkörper sind vor allem zum Trocknen empfehlenswert.
Ähnliche Arten: Die **Ziegenlippe** unterscheidet sich durch weitlöcherige, leuchtend chromgelbe Poren.

Ziegenlippe
Xerocomus subtomentosus
Röhrlingsartige
Hut: Konvex, dann flach, hell olivbraun, feinfilzig, niemals schmierig; meist 5–10 cm breit werdend.
Röhren: Leuchtend chromgelb und auffallend weitlöcherig, bei Druck nur selten blauend.

Stiel: Gleichdick, hellbraun und häufig etwas längsrippig.
Fleisch: Hellgelb, oft blaugrün anlaufend, mit angenehmem Geruch und mildem Geschmack.
Vorkommen: In Laub- und Nadelwäldern überall verbreitet.
Bestimmungstip: An dem schlanken, niemals roten Stiel und den weitlöcherigen, gelben Poren zu erkennen. Vorzüglicher Speisepilz.
Ähnliche Arten: Der **Maronenröhrling** hat eine grünliche, englöcherige Röhrenschicht.

Körnchenröhrling – Eßbar

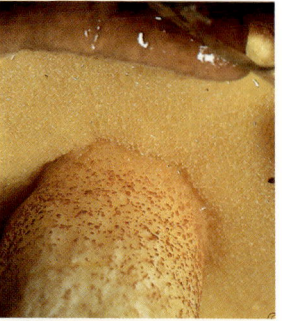

Körnchenröhrling, Hutunterseite

Sandröhrling – Eßbar

Sandröhrling, angeschnitten

Körnchenröhrling, Schmerling

Suillus granulatus
Röhrlingsartige

Hut: Jung halbkugelig, später breit konvex bis flach, hell orange- bis rotbraun, feucht schleimig, trocken glänzend; bis 10 cm breit.
Röhren: Anfangs blaßgelb, dann helloliv, englöcherig, jung oft mit milchigen Tropfen.
Stiel: Gleichdick, blaßgelblich und an der Spitze oft mit dunklen Pünktchen.
Fleisch: Gelblichweiß, im Alter sehr weich, mild und mit angenehmem Geruch.

Vorkommen: Stets unter Kiefern mit Vorliebe für kalkhaltige Böden.
Bestimmungstip: Wächst stets unter Kiefern, oft zusammen mit dem beringten Butterpilz. Nur als Mischpilz zu empfehlen.
Ähnliche Arten: Der **Butterpilz** hat einen beringten Stiel.

Sandröhrling

Suillus variegatus
Röhrlingsartige

Hut: Jung konvex, später polsterförmig, hell gelbbraun; fein körnig-filzig, auch feucht nicht schmierig;

6–10 cm breit werdend.
Röhren: Olivgelb mit sehr dunkel olivfarbigen und englöcherigen Poren.
Stiel: Gleichdick, wie der Hut gefärbt und fein körnigfilzig.
Fleisch: Gelblichsandfarben, bei Druck oft schwach blauend, mild schmeckend.
Vorkommen: Auf sandigen Böden unter Kiefern.
Bestimmungstip: Der Sandröhrling ist an der auffallend dunklen Röhrenschicht leicht kenntlich. Wenig wohlschmeckend, kann allenfalls als Mischpilz empfohlen werden.

Goldröhrling – Eßbar

Butterpilz – Eßbar

Der Stiel des Butterpilzes ist über dem breiten und unterseits schleimigen Ring fein punktiert. Die gelben Röhren sind sehr englöcherig.

Butterpilz, Hutunterseite mit Ring

Goldröhrling
Suillus grevillei
Röhrlingsartige
Hut: Jung konvex, dann polsterförmig, hell orangegelb bis rotbraun, stark schmierig; bis 12 cm breit.
Röhren: Blaßgelb bis orange, dann hell olivgelb, sehr englöcherig.
Stiel: Gleichdick, wie der Hut gefärbt und mit einem flüchtigen Ring.
Fleisch: Durchgefärbt hellgelb, sehr weich, mit angenehmem Geruch und mildem Geschmack.
Vorkommen: Im Gebirge unter Lärchen allgemein verbreitet; auch unter angepflanzten Lärchen nicht selten.
Bestimmungstip: Wächst nur unter Lärchen. Wegen des weichen Fleisches und des geringen Eigengeschmacks nur als Mischpilz brauchbar.
Ähnliche Arten: Alle **Schmierröhrlinge** mit Ring sind genießbar.

Butterpilz
Suillus luteus
Röhrlingsartige
Hut: Jung halbkugelig, dann breit konvex, schokoladen- bis orangebraun, feucht stark schmierig, bis 10 cm breit.
Röhren: Hellgelb, alt grünlichgelb, bei Druck nicht verfärbend.
Stiel: Gleichdick, an der Spitze hellgelb, unter dem Ring schleimig.
Fleisch: Weiß bis gelblich, im Schnitt nicht verfärbend, mit angenehmem Geruch und mildem Geschmack.
Vorkommen: Nur unter Kiefern, überall ziemlich häufig.
Bestimmungstip: Der Butterpilz wächst nur unter Kiefern. Kann nach Entfernen des Hutschleims als Speisepilz verwendet werden, ältere Fruchtkörper sind sehr weich.

59

Kuh-Röhrling – Eßbar

Pfeffer-Röhrling – Nur als Würzpilz verwendbar

Kuh-Röhrling, Hutunterseite

Der Kuh-Röhrling hat einen unberingten Stiel und weitlöcherige Röhren mit zackig vorspringenden Mündungen und ist hieran sicher vom beringten Butterpilz zu unterscheiden.

Kuh-Röhrling
Suillus bovinus
Röhrlingsartige
Hut: Halbkugelig bis polsterförmig und oft verbogen, kupferrotbraun, feucht stark schmierig, trocken glänzend; bis über 5 cm breit.
Röhren: Anfangs graugelb, dann dunkel kupferrotbraun, etwas herablaufend.
Stiel: Schlank und gleichdick, wie der Hut gefärbt und ohne Ring.
Fleisch: Durchgefärbt gelblich bis kupferrötlich, im Anschnitt schwach rötend, mit angenehmem Geruch und mildem Geschmack.

Vorkommen: Unter Kiefern und meist auf sandigen Böden.
Bestimmungstip: Der Kuh-Röhrling wächst nur unter Kiefern. Kann als Mischpilz verwendet werden, wird beim Kochen schleimig.

Pfeffer-Röhrling
Boletus piperatus
Röhrlingsartige
Hut: Konvex bis gewölbt, dickfleischig-kissenförmig, hell kupferbraun, feucht etwas klebrig; 3–6 cm breit.
Röhren: Kupferrotbraun, weitlöcherig, um den Stiel oft nur wenig ausgebuchtet.

Stiel: Schlank und gleichdick, gleichmäßig kupferrotbraun gefärbt.
Fleisch: Im Hut blaß kupferrotbraun, im Stiel lebhaft schwefelgelb, mit scharfem, pfefferartigem Geschmack.
Vorkommen: In Nadelwäldern allgemein verbreitet, besonders zwischen Nadelstreu.
Bestimmungstip: Der Pfeffer-Röhrling ist an dem im Stiel lebhaft gelb gefärbten Fleisch erkennbar. Wegen seines scharfen Geschmacks nur als Würzpilz verwendbar.

Hohlfuß-Röhrling, Hutunterseite

Hohlfuß-Röhrling – Eßbar

Der seltene Hasenröhrling
wächst oft auf Sandbo-
den. Er ist eßbar, sollte
aber geschont werden.

Hasenröhrling – Eßbar

Hohlfuß-Röhrling
Boletinus cavipes
Röhrlingsartige
Hut: Jung konvex, dann ausgebreitet polsterförmig, satt
rot- bis kastanienbraun, gelegentlich orangegelb, schuppig; bis 12 cm breit.
Röhren: Jung gelb, dann satt
olivgrün, sehr weitlöcherig
mit zackig vorspringenden
Mündungen und am Stiel
herablaufend.
Stiel: Ziemlich kurz mit gel-
ber Spitze, unterhalb des
Rings wie der Hut gefärbt,
Grund hohl.
Fleisch: Blaßgelb, mit angenehmem Geruch und mil-

dem Geschmack.
Vorkommen: Unter Lärchen
und vor allem im Gebirge
mitunter recht häufig.
Bestimmungstip: Kommt nur
unter Lärchen vor. Wohl-
schmeckend, aber wenig ergiebig, zum Trocknen nicht
zu empfehlen.

Hasenröhrling
*Gyroporus casta-
neus*
Röhrlingsartige
Hut: Anfangs konvex, bald
breitgewölbt bis flach, hell
gelb- bis ockerbraun, feinsamtig; bis 8 cm breit.
Röhren: Jung weiß, dann

gelb, englöcherig, bei Druck
braunfleckend.
Stiel: Gleichdick oder am
Grund etwas verdickt,
ocker- bis rotbraun gefärbt
und feinsamtig, alt hohl werdend.
Fleisch: Weiß, nicht verfärbend, geruchlos und mild.
Vorkommen: In Laub- und
Nadelwäldern.
Bestimmungstip: Der dun-
kelbraune, samtige Stiel und
die gelbbleibenden Röhren
sind sichere Kennzeichen
zum Bestimmen des Hasen-
röhrlings.

Birkenpilz – Eßbar

Birkenpilz
Leccinum scabrum
Röhrlingsartige

<u>Hut:</u> Jung halbkugelig, dann breit konvex, hell graubraun, mausgrau oder seltener weißlich, auch rötlich- bis dunkelschwarzbraun, glatt, matt und feinfilzig, alt etwas schmierig und sehr weichfleischig werdend; bis über 10 cm breit.

<u>Röhren:</u> Jung weißgrau, dann dunkelgrau bis -braun, um den Stiel tief ausgebuchtet und bauchig vorgewölbt, bei Druck nicht fleckend.

<u>Stiel:</u> Lang, schlank, hart und fest, auf ganzer Länge mit weißlichen, grauen oder schwärzlichen Schüppchen bekleidet.

<u>Fleisch:</u> Weiß, im Schnitt manchmal etwas rosa, in der Stielbasis oft blaugrün verfärbend, geruchlos und mild.

<u>Vorkommen:</u> Nur bei Birken in und außerhalb von Wäldern.

<u>Bestimmungstip:</u> Der Birkenpilz kommt nur unter Birken vor.
Unter der Bezeichnung Birkenpilz werden mehrere recht ähnliche und schwer unterscheidbare Arten zusammengefaßt, die ausnahmslos eßbar sind. Im Jugendstadium sind alle Formen wohlschmeckend, verfärben sich allerdings beim Kochen unansehnlich grauschwarz.
Gebietsweise stärker radioaktiv belastet.

<u>Ähnliche Arten:</u> Der **Hainbuchen-Röhrling** *(Leccinum griseum)* hat einen grubig höckerigen Hut und einen oft stärker längsstreifigen Stiel sowie schmutzigviolett anlaufendes Fleisch und wächst unter Hainbuchen.

Espen-Rotkappe – Eßbar

Die Huthaut aller Rotkappen steht am Rand über (Bild rechts). Die Stiele sind flockig, aber niemals mit Netz.

Espen-Rotkappe, Hutrand

Espen-Rotkappe, Stiel

Espen-Rotkappe
Leccinum versipelle
Röhrlingsartige

Hut: Jung halbkugelig oder konvex, bald breit polsterförmig, orange- bis ziegelrot oder rotbraun, und feinfilzig mit am Rand überstehender Huthaut; bis über 15 cm breit.

Röhren: Jung weißlich, dann zunehmend schmutzigockergrau, um den Stiel tief ausgebuchtet, bei Druck nur alt etwas blaugrün anlaufend.

Stiel: Lang und schlank, auf ganzer Länge mit hellen bis kupferbraunen Schüppchen bedeckt.

Fleisch: Weißgrau bis rosa, ziemlich fest, im Schnitt besonders am Stielgrund blaugrün anlaufend, mit angenehmem Geruch und mildem Geschmack.

Vorkommen: Nur unter Zitterpappeln, allgemein verbreitet.

Bestimmungstip: Die Espen-Rotkappe wächst nur unter Zitterpappeln.
Vorzüglicher Speisepilz, wird allerdings beim Kochen etwas schleimig und unansehnlich grauschwarz.

Ähnliche Arten: Mehrere nahe verwandte **Rotkappen** mit orange- bis ziegelroten Hüten und rotbraunen bis schwarzen Stielschuppen wachsen unter Eichen, Birken und Fichten.
Alle Rotkappen sind eßbar und wohlschmeckend.

63

Röhrlingsartige

Strubbelkopf-Röhrling – Ungenießbar   **Porphyrröhrling – Ungenießbar**

Der Hut des Strubbelkopf-Röhrlings ist mit dicken Schuppen besetzt, die am Rand überstehen und dem Pilz ein unverwechselbares Aussehen verleihen.

Strubbelkopf-Röhrling
Strobilomyces strobilaceus
Röhrlingsartige
Hut: Jung konvex, bald breitgewölbt, dicht mit grobscholligen, weißgrauen, alt schwärzenden Schuppen bedeckt; bis 15 cm breit.
Röhren: Weißgrau, bei Druck schwärzend, weitlöcherig.
Stiel: Dünn und schlank, festfleischig, unberingt und grau wollig-schuppig bekleidet, bei Druck schwärzend.
Fleisch: Weißgrau, im Schnitt schwach rötend, dann schwärzend.
Vorkommen: Meist einzeln in Nadelwäldern, seltener auch im Laubwald, wegen seiner dunklen Tarnfarbe leicht zu übersehen.
Bestimmungstip: Als einziger Röhrling mit einem grob schuppigen Hut unverwechselbar. Schmeckt unangenehm.

Porphyrröhrling, Düsterer Röhrling
Porphyrellus porphyrosporus
Röhrlingsartige
Hut: Jung konvex, bald breitgewölbt, dunkel tabak- bis hell graubraun; bis über 10 cm breit.
Röhren: Anfangs hell graugelb, bald dunkel tabakbraun und bei Berührung fleckend.
Stiel: Schlank und lang, feinsamtig, dunkel tabakbraun.
Fleisch: Weiß, im Schnitt über den Röhren grünblau anlaufend, unter der Huthaut schwach rötend, geruchlos und mild.
Vorkommen: In Bergnadelwäldern, seltener bei Laubbäumen.
Bestimmungstip: Der Pilz sieht wie ein **Maronenröhrling** aus, ist aber gleichmäßig dunkel tabakbraun gefärbt. Als Speisepilz nicht besonders wohlschmeckend.

Porlinge

Schuppiger Porling – Jung genießbar

Schuppiger Porling

Schafporlinge wachsen oft in dichten Büscheln und besitzen ziemlich festes Fleisch.

Schafporling

Schuppiger Porling
Polyporus squamosus
Porlinge
Hut: Jung flach mit eingerolltem Rand, dann oft einseitig gestielt und trichterig mit vertiefter Mitte und grobschuppiger, kastanienbrauner Oberseite, dickfleischig; bis über 20, selten bis 60 cm breit werdend.
Poren: Weiß, weitlöcherig.
Stiel: Kurz und gedrungen, festfleischig, hell bräunlich mit Netzzeichnung, am Grund schwarz.
Fleisch: Anfangs im Hut ziemlich weich und wässerig, dann zäh und fest.

Vorkommen: An Stümpfen und abgestorbenen, stehenden Stämmen von Laubbäumen, erscheint schon ab Mai.
Bestimmungstip: Die großen, oft hoch am Stamm erscheinenden Fruchtkörper fallen schon von weitem auf. Im frühesten Jugendstadium genießbar, später sehr zäh.

Schaf-Porling
Albatrellus ovinus
Porlinge
Hut: Jung kissenförmig bis konvex, später oft unregelmäßig weißgrau, dann graubraun, häufig gelb verfärbend; bis 6 cm breit.

Poren: Jung weiß, später etwas gilbend, sehr eng, am Stiel herablaufend.
Stiel: Kurz und dick, festfleischig, wie der Hut gefärbt.
Fleisch: Weiß, alt gelb verfärbend, mit mandelartigem Geruch.
Vorkommen: Scharenweise in Nadelwäldern, vorwiegend in höheren Lagen.
Bestimmungstip: Der Schaf-Porling wächst nur in Nadelwäldern.
Als Speisepilz verwendbar, wird aber nicht von allen Personen vertragen und kann gelegentlich heftige Verdauungsstörungen auslösen.

65

Lamellenpilze, Stiel mit Ring

Lamellenpilze mit Ring besitzen eine meist häutige Hülle, die bei den jungen Fruchtkörpern die Lamellen verdeckt und später als Ring am Stiel zurückbleibt. Bei ausgewachsenen Fruchtkörpern kann der Ring gelegentlich abfallen, bei Trockenheit kommt es vor, daß der Ring am Hutrand hängenbleibt. Da sich unter den beringten Lamellenpilzen lebensbedrohende Giftpilze befinden, sollten Sie die Arten in dieser Gruppe nur nach besonders sorgfältiger Bestimmung für Speisezwecke verwenden!

Der Perlpilz gehört zur Familie der Wulstlinge, unter denen sich die gefährlichsten Giftpilze befinden. Er bleibt dem erfahreneren Sammler vorbehalten.

Grüner Knollenblätterpilz – Tödlich giftig!

Grüner Knollenblätterpilz

Grüner Knollenblätterpilz

Grüner Knollen-
blätterpilz
Amanita phalloides
Wulstlinge

Hut: Jung halbkugelig und von der weißen, schalenarti-gen Hülle umschlossen, dann konvex, alt flach bis schüs-selförmig, mit dunkel oliv- bis gelblichgrünem, etwas marmoriertem Scheitel und nicht selten aufgehellter, mit-unter fast weißer Randzone (eine seltene Abart auch mit reinweißem Hut), schwach klebrig und kahl, bei Trockenheit nicht selten mit häutigen Hüllresten; bis 15 cm breit.

Lamellen: Reinweiß, niemals rosa- oder grauverfärbend, dichtstehend, um den Stiel frei.
Stiel: Schlank, gleichdick mit weit oben angesetzter, hän-gender, ziemlich breiter, nicht gerieter Manschette, darunter meist hell olivgrün genattert; am Grund mit ab-gesetzter, von den Resten der weißen und schalenarti-gen Hülle gesäumter, oft im Boden vergrabener Knolle.
Fleisch: Weiß, jung geruch-los, alt mit süßlichem, honig-artigem Geruch.
Vorkommen: Verbreitet in Laubwäldern, meist bei Ei-

chen, seltener auch unter Rotbuchen, in höheren La-gen selten.
Bestimmungstip: Wächst in Laubwäldern. Auf die von einer schalenartigen Hülle umgebende, breite Knolle am Stielgrund achten! Gif-tigster heimischer Pilz! Ent-hält das tödlich wirkende Gift Amanitin (→ Seite 38).
Ähnliche Arten: Die weiß-hütige Abart könnte mit **Egerlingen** (→ Seite 74) ver-wechselt werden, die aber niemals reinweiße Lamellen und auch keine häutige, der Stielknolle aufsitzende Hülle besitzen.

Kegelhütiger Knollenblätterpilz

Kegelhütiger Knollenblätterpilz

Kegelhütiger Knollenblätterpilz – Tödlich giftig!

Kegelhütiger Knollen-blätterpilz

Amanita virosa
Wulstlinge

Hut: Jung eiförmig und völlig von der weißen Hülle umschlossen, dann kegelig bis konvex, aber niemals flach, jung reinweiß und schmierig, alt in der Mitte etwas bräunend, trocken glänzend, dünnfleischig und stets kahl; meist 3–10 cm breit werdend.

<u>Lamellen:</u> Weiß, niemals grau oder rosa, dichtstehend mit glatter Schneide, um den Stiel frei.

<u>Stiel:</u> Reinweiß mit oft zerreißender oder am Hutrand hängender, glatter Manschette, darunter stark weiß wollig-flockig, Knolle am Stielgrund am Rand von meist im Boden versteckten, schalenartigen Resten der Hülle gesäumt.

<u>Fleisch:</u> Weiß, jung geruchlos, dann mit süßlichem, an Kunsthonig erinnerndem Geruch.

<u>Vorkommen:</u> Verbreitet in Bergnadelwäldern, meist auf versauertem Oberboden und in manchen Gegenden recht häufig.

<u>Bestimmungstip:</u> Stets auf den schmierigen Hut, den weit oben beringten, flocki-gen Stiel und die von einer weißen Scheide umgebene Knolle am Stielgrund achten. Gilt neben dem Grünen Knollenblätterpilz als giftigster einheimischer Pilz! Enthält das tödlich wirkende Pilzgift Amanitin.

<u>Ähnliche Arten:</u> Weißhütige **Egerlinge** (→ Seite 74), mit denen der Pilz häufig verwechselt wird, haben einen trockenen und feinseidigen, Hut und von Anfang an grau- oder rosagefärbte, niemals aber reinweiße Lamellen. Außerdem fehlt ihnen die schalenartige, weiße Scheide am Stielgrund.

69

Zitronengelber Knollenblätterpilz – Giftig

Zitronengelber Knollenblätterpilz

Amanita citrina
Wulstlinge
Hut: Jung halbkugelig, dann konvex, flach oder auch etwas schüsselförmig, weißlich bis blaß zitronengelb, anfangs etwas klebrig, bald trocken und von groben Flocken der brüchigen, gelblichen Hülle bedeckt; bis 8 cm breit.
Lamellen: Weiß, dichtstehend, um den Stiel frei.
Stiel: Gleichdick, mit weit oben angesetztem, hängendem und dauerhaftem Ring, abwärts in eine plötzlich abgesetzte, napfförmige und breite, wulstig gesäumte, aber niemals bescheidete Knolle erweitert.
Fleisch: Weiß, mit deutlichem Geruch nach rohen Kartoffeln.
Vorkommen: Weit verbreitet in Laub- und Nadelwäldern auf versauertem Oberboden.
Bestimmungstip: Im Gegensatz zu den sehr giftigen Knollenblätterpilz-Arten riecht der Zitronengelbe Knollenblätterpilz nach rohen Kartoffeln. Er enthält den Verdauungsstörungen auslösenden, nach dem früheren lateinischen Namen des Pilzes *Amanita mappa* benannten Giftstoff Mappin.
Ähnliche Arten: Blaßgefärbte Fruchtkörper des **Grünen Knollenblätterpilzes** (→ Seite 68) sind ähnlich, unterscheiden sich aber durch den fehlenden Kartoffelgeruch und die häutige Scheide am Stielgrund.

70

Wulstlinge

Junger Fliegenpilz, angeschnitten

Junge Fliegenpilze

Fliegenpilze in verschiedenen Altersstufen – Giftig

Junge Fliegenpilze sehen wie Stäublinge aus, sind aber unter der Huthaut gelb gefärbt, und der Lamellenansatz ist deutlich erkennbar.

Fliegenpilz
Amanita muscaria
Wulstlinge

Hut: Jung halbkugelig und völlig von der weißen, flockigen Hülle eingeschlossen, dann konvex bis flach, zuletzt oft schüsselförmig, leuchtendrot, seltener auch orangefarbenen, mit abwischbaren, bei Regenwetter oft fehlenden, flockigen Pusteln bedeckt, etwas glänzend und am Rand gerieft; bis über 15 cm breit.
Lamellen: Weiß, breit und dichtstehend, am Stiel nicht angewachsen.
Stiel: Langgestreckt und schlank, gleichdick, aber am Grund mit einer am Rand von Flockenresten gesäumten Knolle, mit breitem, hängendem und meist glattem Ring, darunter fein weißflockig.
Fleisch: Weiß, unter der Huthaut gelb, geruchlos.
Vorkommen: Meist gruppenweise, vorwiegend in Nadelwäldern und häufig in Fichtenschonungen auf saurem Untergrund, bis ins Hochgebirge verbreitet.
Bestimmungstip: Der Fliegenpilz wächst in Nadelwäldern. Er ist aufgrund der rotweißen Färbung sehr gut bekannt. Das Fleisch unter der Huthaut ist lebhaft zitronengelb gefärbt. Enthält die Rauschzustände auslösende Ibotensäure (→ Seite 41). Der Gehalt an Muskarin (→ Seite 40) ist praktisch unbedeutend.
Kann starke Vergiftungen auslösen und in seltenen Fällen zum Tode führen.
Ähnliche Arten: Der **Königs-Fliegenpilz** *(Amanita regalis)* unterscheidet sich durch einen mehr braun gefärbten Hut. Er ist ebenfalls giftig.

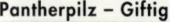

Pantherpilz – Giftig

Junger Pantherpilz – Giftig

Grauer Wulstling – Eßbar

Grauer Wulstling – Eßbar

Pantherpilz, Pantherwulstling

Amanita pantherina
Wulstlinge
Hut: Jung halbkugelig, dann konvex bis flach und am Rand oft kammartig gerieft, leberbraun, mit abwischbaren, warzigen und reinweißen Flocken der Hülle bedeckt; meist 4–8 cm breit.
Lamellen: Weiß, dichtstehend und um den Stiel frei.
Stiel: Weiß, gleichdick mit schmaler, auf der Außenseite glatter Manschette; am Grund mit stulpenförmiger Knolle.
Fleisch: Weiß, im Schnitt nicht verfärbend, geruchlos.
Vorkommen: Verbreitet unter Laubbäumen, in Berglagen auch im Nadelwald.
Bestimmungstip: An der glatten Manschette, den reinweißen Pusteln und der wulstig gesäumten Stielknolle zu erkennen. Gefährlicher Giftpilz, wirkt wie der Fliegenpilz, aber meist heftiger.
Ähnliche Arten: Der **Graue Wulstling** unterscheidet sich durch eine breitere, außen geriefte Manschette und einen gleichmäßig keulig erweiterten Stiel. Der eßbare **Perlpilz** besitzt einen kammartig gerieften Ring und rötendes Fleisch.

Grauer Wulstling

Amanita spissa
Wulstlinge
Hut: Jung konvex, dann flach, hellgrau bis graubraun, selten weiß, mit Fetzen oder Flöckchen bildenden grauen Hüllresten; meist 5–12 cm breit.
Lamellen: Weiß, dichtstehend, um den Stiel frei.
Stiel: Weiß, mit allmählich keulig verdicktem Grund, unter der gerieften Manschette feinflockig, im Alter etwas grauend oder bräunend.

Junger Perlpilz – Eßbar

Perlpilz – Eßbar

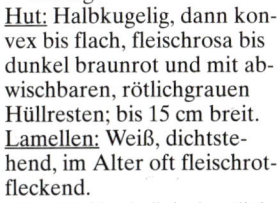

Perlpilz – Eßbar

Fleisch: Weiß, nicht rötend, mit Rettichgeruch.
Vorkommen: in Nadelwäldern, seltener auch bei Laubbäumen.
Bestimmungstip: Der Graue Wulstling ist leicht mit dem giftigen **Pantherpilz** zu verwechseln, jedoch am immer kammartig gerieften Ring und der nicht abgesetzten Knolle zu unterscheiden. Als Speisepilz verwendbar, aber von geringer Qualität. Erscheint ab Frühsommer.
Ähnliche Arten: Der **Perlpilz** unterscheidet sich durch mehr rotbraune Farben des Fruchtkörpers und rötendes

Fleisch. Der giftige **Pantherpilz** hat reinweiße Hüllreste und eine glatte Manschette.

Perlpilz
Amanita rubescens
Wulstlinge
Hut: Halbkugelig, dann konvex bis flach, fleischrosa bis dunkel braunrot und mit abwischbaren, rötlichgrauen Hüllresten; bis 15 cm breit.
Lamellen: Weiß, dichtstehend, im Alter oft fleischrotfleckend.
Stiel: Weiß, alt fleischrötlich, unterhalb der gerieften Manschette feinflockig.
Fleisch: Weiß, langsam rö-

tend, mit angenehmem Geruch und mildem Geschmack.
Vorkommen: Häufig in Laub- und Nadelwäldern.
Bestimmungstip: Sehr wohlschmeckender Speisepilz. Der Perlpilz kann mit dem giftigen **Pantherpilz** verwechselt werden, dessen Fleisch aber nicht rötet.
Ähnliche Arten: Der **Graue Wulstling** unterscheidet sich durch das Fehlen jeglicher rötlicher Töne. Der giftige **Pantherpilz** unterscheidet sich durch eine glatte Manschette.

73

Freiblättler

Wald-Egerling – Eßbar

Wald-Egerling, Hutunterseite

Schiefknolliger Anisegerling – Eßbar

Schiefknolliger Anisegerling, Hutunterseite

Wald-Egerling, Wald-Champignon
Agaricus silvaticus
Freiblättler

Hut: Jung eingerollt, bald konvex bis flach, satt rot- bis graubraun mit breiten Schuppen; bis 10 cm breit.
Lamellen: Jung purpurgrau, bald schwarzwerdend, sehr dichtstehend und um den Stiel ausgebuchtet.
Stiel: Gleichdick mit etwas knollig verdicktem Grund und breitem, hängendem Ring.
Fleisch: Weißlich, im Anschnitt rosa oder blutrot anlaufend, geruchlos und mild schmeckend.

Vorkommen: Ab dem Frühsommer in Nadelwäldern.
Bestimmungstip: Fleisch rot anlaufend. Ergiebiger und wohlschmeckender Speisepilz.
Ähnliche Arten: Ungenießbare **Schirmlinge** unterscheiden sich durch reinweiße Lamellen.

Schiefknolliger Anisegerling
Agaricus abruptibulbus
Freiblättler

Hut: Jung fast kugelig, dann konvex, alt flach, reinweiß und fein seidig- schuppig, bei Berührung chromgelb verfär-

bend; bis über 10 cm breit.
Lamellen: Jung purpurgrau, dann fast schwarz, dichtstehend und am Stiel nicht angewachsen.
Stiel: Kräftig, gleichdick, am Grund abgestutzt und wulstig gesäumt, mit einem hängenden, unterseits weißflockigen Ring.
Fleisch: Weiß, im Schnitt nicht verfärbend, mit süßlichem Anisgeruch.
Vorkommen: Ab Frühsommer in Nadel- und Mischwäldern.
Bestimmungstip: Ergiebiger und wohlschmeckender Speisepilz. Kann mit dem giftigen

74

Feld-Egerling – Eßbar

Der giftige Karbol-Egerling hat in der Stielknolle gelb anlaufendes Fleisch. Er verursacht heftiges Erbrechen, aber sonst keine weiteren Beschwerden.

Karbol-Egerling – Giftig

Kegelhütigen Knollenblätterpilz (→ Seite 69) verwechselt werden. Enthält verhältnismäßig viel des giftigen Schwermetalls Cadmium. Ähnliche Arten: Der giftige Karbol-Egerling (Agaricus xanthoderma) unterscheidet sich durch nur in der Stielknolle gelb verfärbendes Fleisch und einen unangenehmen Karbolgeruch. Der tödlich giftige Kegelhütige Knollenblätterpilz (→ Seite 69) unterscheidet sich durch stets reinweiße Lamellen, schmierigen Hut und eine häutige Scheide am Knollenrand.

Feld-Egerling, Wiesen-Champignon

Agaricus campestris
Freiblättler
Hut: Jung halbkugelig, dann konvex bis flach, reinweiß, bei Druck nicht verfärbend; bis 10 cm breit.
Lamellen: Jung graurosa, zuletzt fast schwarz, sehr dichtstehend.
Stiel: Ziemlich kurz, kräftig, gleichdick, mit weißem, häutigem Ring.
Fleisch: Weiß, im Schnitt mitunter schwach rötlich verfärbend. Geruch angenehm.
Vorkommen: Scharenweise auf wenig gedüngten Wiesen.

Bestimmungstip: Guter Speisepilz. Kann mit weißhütigen Knollenblätterpilzen (→ Seite 68/69) verwechselt werden. Diese haben stets weiße Lamellen und eine häutige Scheide am Stielgrund.
Ähnliche Arten: Verwechslungsgefahr mit giftigen Knollenblätterpilzen (→ Seite 68/69). Der Karbol-Egerling wächst in lichten Wäldern, Gärten und Parkanlagen und unterscheidet sich durch nur in der Stielknolle chromgelb anlaufendes Fleisch sowie widerlichen Karbolgeruch beim Kochen. Er verursacht Erbrechen.

Riesen-Schirmling – Eßbar

Safran-Schirmling – Eßbar

Hutunterseiten Safran-Schirmling (rechts) und Riesen-Schirmling (links).

Im Unterschied zum Riesen-Schirmling rötet das Fleisch des Safran-Schirmlings.

Riesen-Schirmling, Parasol

Macrolepiota procera
Freiblättler

Hut: Jung paukenschlegelförmig, dann flach mit kleinem Buckel, graubraun und wollig-schuppig; bis über 25 cm breit.

Lamellen: Reinweiß, dichtstehend.

Stiel: Schlank mit keulig verdicktem Grund und breitem, verschiebbarem Ring, graubraun genattert.

Fleisch: Weiß, im Anschnitt nicht verfärbend, mild und mit angenehmem Geruch.

Vorkommen: In Laub- und Nadelwäldern, an Waldrändern und in Wiesen, häufig.

Bestimmungstip: Typisch sind der verschiebbare Ring und der genatterte Stiel. Die Hüte frischer Fruchtkörper schmecken gebraten vorzüglich. Kann roh genossen, heftige Verdauungsbeschwerden auslösen.

Ähnliche Arten: Es gibt noch zahlreiche **kleinere Schirmlingsarten,** die aber keinen beweglichen Ring besitzen und ungenießbar oder giftig sind.

Safran-Schirmling

Macrolepiota rachodes
Freiblättler

Hut: Jung geschlossen eiförmig-kugelig, bald konvex, alt auch flach, mit sparrigen, bräunenden Schuppen bedeckt; über 15 cm breit.

Lamellen: Dichtstehend, bei Berührung langsam rötend.

Stiel: Zäh und fest, mit breiter Knolle und einem breiten Ring, darunter glatt und safranbraun verfärbend.

Fleisch: Weiß, im Anschnitt rot- oder safranbraun anlaufend, mit angenehmem Geruch und mildem Geschmack.

Vorkommen: In Nadelwäl-

Junger Hallimasch

Hallimasch – Eßbar

Hallimasch, Hutunterseite

Hallimasch – Eßbar

dern auf Streu, häufig.
<u>Bestimmungstip:</u> Stiel nicht genattert mit verschiebbarem Ring. Die gebratenen Hüte liefern ein vorzügliches Gericht. Selten treten Verdauungsstörungen auf.
<u>Ähnliche Arten:</u> Eine giftige Abart des Safranschirmlings mit stärker rötendem Fleisch und auffallend stark schuppigem Hut wächst in Gärten.

Hallimasch
Armillaria mellea
Ritterlingsartige
<u>Hut:</u> Jung konvex mit eingerolltem Rand, dann flach, auf honigbraunem, seltener auch olivlichem Grund mit abwischbaren Schüppchen bedeckt; meist 5–10, seltener bis 20 cm breit werdend.
<u>Lamellen:</u> Jung cremeweiß, bräunlich fleckend, mäßig dichtstehend.
<u>Stiel:</u> Lang und schlank, dicht büschelig miteinander verwachsen, mit einem watteartig wolligen und auf der Unterseite schuppigen Ring.
<u>Fleisch:</u> Blaßbräunlich, mit etwas unangenehmem Geruch, im Stiel recht zäh.
<u>Vorkommen:</u> Ab September büschelig auf den Stümpfen von Laub- und Nadelhölzern. Tritt auch als Parasit an lebenden Fichten auf.
<u>Bestimmungstip:</u> Der Hallimasch wächst büschelig an Laub- und Nadelhölzern. Nur die Hüte sind für Speisezwecke verwendbar. Nicht ausreichend lange gekochte Gerichte verursachen immer wieder erhebliche Verdauungsbeschwerden.
<u>Ähnliche Arten:</u> Verwechslungen mit dem sehr giftigen **Spitzgebuckelten Rauhkopf** (→ Seite 112) sind auszuschließen, wenn man auf das büschelige Wachstum an Holz achtet.

Stockschwämmchen – Eßbar

Stockschwämmchen – Eßbar

Gifthäubling – Tödlich giftig!

Gifthäubling – Tödlich giftig!

Stockschwämmchen

Kuehneromyces mutabilis

Träuschlingsartige

<u>Hut:</u> Jung konvex, dann verflachend, feucht honigbraun und dann gelbbraun ausblassend; bis 5 cm breit.

<u>Lamellen:</u> Blaß zimtbraun, dichtstehend.

<u>Stiel:</u> Schlank, mit umgerolltem, rostbraunem und leicht abfallendem Ring, darunter schwarzbraun schuppig.

<u>Fleisch:</u> Bräunlich, mild, mit angenehmem, niemals mehlartigem Geruch.

<u>Vorkommen:</u> Vom Mai bis Oktober dicht büschelig an Laubholzstümpfen, selten auch an Nadelholz.

<u>Bestimmungstip:</u> Die Hüte sind sehr wohlschmeckend und liefern schon im pilzarmen Frühjahr mitunter ergiebige Ernten.

Das Stockschwämmchen kann sehr leicht mit dem sehr giftigen **Gifthäubling** verwechselt werden! Dieser ist meist etwas kleiner und wächst dicht rasig, nicht büschelig an Nadelholz, aber auch an Laubholz, oft an toten Stämmen. Er riecht meist mehlartig.

Gifthäubling, Gesäumter Häubling

Galerina marginata

Schleierlingsartige

<u>Hut:</u> Jung konvex, später verflachend, feucht honigbraun, trocken gelbbraun; 2–3 cm breit, selten größer.

<u>Lamellen:</u> Jung weißlich, bald blaß rostbraun.

<u>Stiel:</u> Schlank, weißlich-blaß und vom Grund her bräunend, mit flüchtigem, oft abfallendem Ring und darunter etwas flockig.

<u>Fleisch:</u> Bräunlich, zerdrückt mit Mehlgeruch.

<u>Vorkommen:</u> Vom Spätsommer bis Winteranfang vor al-

Reifpilz – Eßbar

lem in Nadelwäldern an Stümpfen, dicht rasig, aber die Stiele stets einzeln entspringend und daher nicht büschelig, seltener auch an Laubholz.
Bestimmungstip: Größere Fruchtkörper können sehr leicht mit dem eßbaren **Stockschwämmchen** verwechselt werden. Enthält das lebensgefährliche Gift Amanitin (→ Seite 38) und kann tödliche Vergiftungen auslösen.
Ähnliche Arten: Das **Stockschwämmchen** wächst fast ausschließlich an Laubholz und riecht nicht nach Mehl.

Reifpilz, Zigeuner, Runzelschüppling
Rozites caperatus
Schleierlingsartige
Hut: Jung halbkugelig, bald konvex, zuletzt flach, mit hell lilafarbenem Reif bedeckt, darunter hell gelb- bis honigbraun; bis 10 cm breit.
Lamellen: Hell milchkaffeebraun und etwas runzelig, dichtstehend, mit feingesägter Schneide.
Stiel: Gleichdick, hellbraun und mit einem schmalen, häutigen Ring.
Fleisch: Bräunlich marmoriert, mild schmeckend und mit angenehmem Geruch.

Vorkommen: In Fichten- und Kiefernwäldern.
Bestimmungstip: Als einziger Vertreter der Schleierlinge mit beringtem Stiel an den milchkaffeebraunen Lamellen und dem violetten Reif des Hutes zu erkennen. Einer der vorzüglichsten Speisepilze, gebietsweise stark radioaktiv belastet.
Ähnliche Arten: Ganz junge Fruchtkörper gleichen dem ungenießbaren **Lila-Dickfuß** *(Cortinarius traganus)* und können sogar mit diesem zusammen wachsen, man kann sie am Ring unterscheiden.

Grünspan-Träuschling

Grünspan-Träuschling

Ring-Düngerling – Ungenießbar

Ring-Düngerling
Panaeolus fimiputris
Mistpilze
Hut: Glocken- bis eiförmig, hell lehmgrau bis tonfarben und schmierig-glänzend, glatt oder im Alter schwach runzelig; bis 4 cm breit und ebenso hoch.
Lamellen: Jung grau, dann schwärzlich, dichtstehend mit weißflockiger Schneide.
Stiel: Schlank, weißgrau und mit einem häutigen, auf der Außenseite oft gerieften Ring, am Grund knollig verdickt.
Vorkommen: Nur auf alten Kuhfladen auf Weideflächen

im Hochgebirge und dort nach Regenwetter recht häufig, sonst überaus selten und im Tiefland völlig fehlend.
Bestimmungstip: Der Pilz ist aufgrund seines Standortes unverwechselbar. Obwohl er nicht giftig ist, dürfte sein Wuchsplatz kaum zum Sammeln einladen.

Grünspan-Träuschling
Stropharia aeruginosa
Träuschlingsartige
Hut: Jung kegelig-glockig mit eingerolltem Rand, bald verflachend, anfangs dunkel blaugrün und stark schleimig mit weißen, im Schleim

schwimmenden Flöckchen, dann eintrocknend und zu einem hellen Ockergelb verblassend; 3–6 cm breit.
Lamellen: Jung weißgrau, bald dunkel purpurgrau mit weißflockiger Schneide, dichtstehend und um den Stiel ausgebuchtet.
Stiel: Schlank, oft etwas verbogen, auf blaugrünem Grund unterhalb des gerieften und oben von den Sporen purpurschwarz gefärbten Rings dicht mit weißen Flöckchen bekleidet, im Alter oft kahl werdend.
Fleisch: Weißlich, geruchlos, etwas bitter schmeckend.

Glimmerschüppling – Eßbar

Vorkommen: Meist ab Oktober in Laub- und Nadelwäldern, gern an feuchten Stellen.

Bestimmungstip: Der Grünspan-Träuschling ist wegen seines auffallend blaugrünen Hutes mit den im Schleim schwimmenden weißen Flöckchen unverwechselbar. Gilt als genießbar, schmeckt aber oft bitter und ist wegen seines schleimigen Überzugs nicht sehr empfehlenswert.

Glimmerschüppling
Phaeolepiota aurea
Freiblättler
Hut: Jung halbkugelig, dann breit konvex bis flach, trocken und gleichmäßig gelb- bis orangebraun, feinkörnig; bis über 15 cm breit werdend.

Lamellen: Schon von Jugend an hell rostbraun, dichtstehend am Stiel nicht angewachsen.

Stiel: Kräftig, gleichdick mit keuligem Grund, Spitze hellgelb, mit einem sehr breiten, häutigen und jung die Lamellen verdeckenden, dann abstehenden und auf der Unterseite gelbbraunen, feinkörnigen Ring, darunter gleichmäßig gelbbraun körnig.

Fleisch: Weiß oder gelblich, mit angenehmem Geruch und mildem Geschmack.

Vorkommen: Oft in sehr großer Zahl an grasigen Wegrändern, zwischen Brennesseln und an Holzlagerplätzen, gerne auch an Seeufern, aber ziemlich selten und vorwiegend in höheren Lagen.

Bestimmungstip: Sehr schöner Pilz, der mit keiner anderen Art verwechselt werden kann.
Ergiebiger und durchaus empfehlenswerter Speisepilz.

81

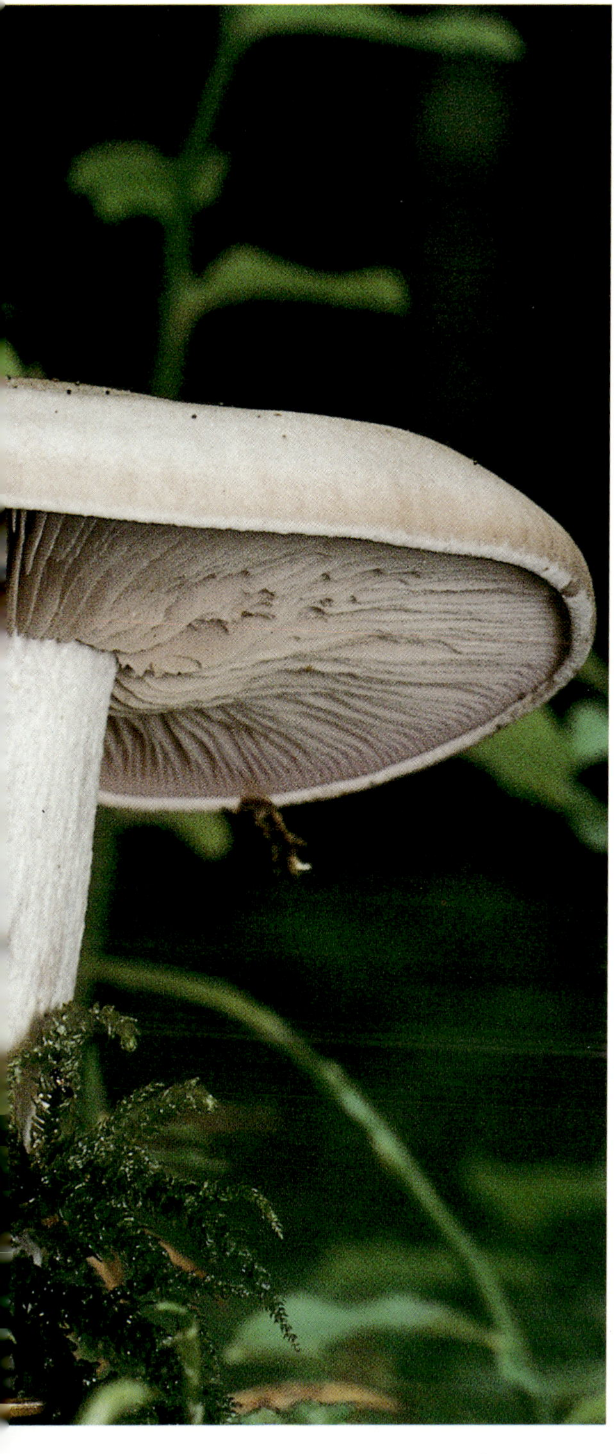

Kennfarbe Gelb

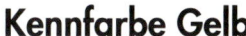

Lamellenpilze, Stiel ohne Ring

Die meisten Lamellenpilze sind am Stiel nicht beringt. Eine Reihe unter diesen Arten kann jedoch am Stiel oben von spinnwebenartigen Fasern oder Resten einer Außenhülle gegürtelt sein und so eine ringartige Zone aufweisen. Bei manchen beringten Lamellenpilzen fällt der Ring vorzeitig ab oder er bleibt am Hutrand hängen. Deshalb sollten für die Bestimmung stets mehrere Fruchtkörper verwendet werden.

Violette Rötelritterlinge gehören ab September zum vertrauten Erscheinungsbild in Laub- und Nadelwäldern.

Knäulinge

Austern-Seitling – Eßbar

Austern-Seitling – Eßbar

Austern-Seitlinge wachsen dicht büschelig an Laubholz und können
hier auch leicht gezüchtet werden.

Austern-Seitling
Pleurotus ostreatus
Knäulinge
Hut: Einseitig muschelför-
mig oder konvex, mit eingerolltem und etwas filzigem
Rand, hell graubraun bis
weißlich oder mit bläulichen
Tönen, mitunter dunkel
stahlblau wie Schalen von
Austern gefärbt, glatt und
trocken; bis über 10 cm breit.
Lamellen: Weiß, ziemlich
schmal und oft gabelig verzweigt, am Stiel weit herablaufend.
Stiel: Sehr kurz, weiß, zottig-
haarig.
Fleisch: Weiß, nicht verfärbend, mit angenehmem Ge-
ruch und mildem Geschmack.
Vorkommen: In dichten Bü-
scheln vom Spätherbst bis
zum Frühjahr an Stümpfen
und lebenden Stämmen ver-
schiedener Laubhölzer, selten auch an Nadelholz, mitunter in sehr großer Zahl.
Bestimmungstip: Der Aus-
tern-Seitling ist sehr varia-
bel, kann jedoch mit keiner
ungenießbaren oder giftigen
Art verwechselt werden.
Vorzüglicher Speisepilz.
Kann auf Laubholz leicht gezüchtet werden und befindet
sich unter der Bezeichnung
„Austernpilz" im Handel.

Kahler Krempling
Paxillus involutus
Kremplingsartige
Hut: Jung mit eingerolltem,
gekerbtem und flaumigem
Rand, dann zunehmend
trichterförmig, schmutzig-
ocker- bis rotbraun, fleckig,
feucht schmierig; bis über 10
cm breit werdend.
Lamellen: Dichtstehend und
oft gegabelt, am Stiel herablaufend, hell holzgelb, rasch
dunkelbraun fleckend.
Stiel: Verhältnismäßig kurz,
gleichdick, wie der Hut gefärbt und bei Berührung sofort fleckend.
Fleisch: Hell holzgelb, mit

Kremplingsartige

Kahler Krempling – Giftig

Kahler Krempling, Stiel

Samtfuß-Krempling – Ungenießbar

Samtfuß-Krempling, Stiel

angenehmem Geruch.
Vorkommen: Sehr häufig schon ab Frühsommer in Nadelwäldern und Mooren.
Bestimmungstip: Lamellen dunkel rotbraun fleckend und vom Hutfleisch ablösbar. Roh genossen sehr giftig, kann Todesfälle verursachen. In gut gekochtem Zustand zwar sehr schmackhaft, kann aber nach wiederholtem Genuß zu schlagartig einsetzenden schweren, nicht selten tödlichen Vergiftungen führen (→ Seite 40).
Ähnliche Arten: Der **Erlen-Krempling** (*Paxillus filamentosus*) ist kleiner, auf dem

Hut etwas geflammt und wächst ausschließlich unter Erlen. Er sollte ebenfalls nicht für Speisezwecke verwendet werden.

Samtfuß-Krempling
Paxillus atrotomentosus
Kremplingsartige
Hut: Trichterig bis einseitig gelappt, Oberseite feinsamtig und dunkelbraun; bis über 15 cm breit werdend.
Lamellen: Hell holzfarben, bei Druck nicht fleckend, dichtstehend, schmal und weit am Stiel herablaufend.
Stiel: Kurz und dick, dunkelbraun samtig.

Fleisch: Hell holzgelb, im Stiel sehr fest, geruchlos und etwas bitter.
Vorkommen: Gesellig an Nadelholzstümpfen in schattigen und etwas feuchten Wäldern, ziemlich häufig.
Bestimmungstip: Der Samtfuß-Krempling wächst nur an Nadelholzstümpfen und ist gut kenntlich am typischen dunkelbraun samtigen Stiel. Ungiftig, aber nicht wohlschmeckend.
Ähnliche Arten: Der giftige **Kahle Krempling** hat einen feucht schmierigen Hut, einen kahlen Stiel und ist deutlich kleiner.

Kuhmaul – Eßbar

Kupferroter Schmierling – Eßbar

Kuhmaul, Lamellen – Eßbar

Die jung weißen Lamellen des Kuhmauls werden im Alter von den schwarzen Sporen grau gefärbt.

Kuhmaul, Großer Gelbfuß, Großer Schmierling
Gomphidius glutinosus
Schmierlinge
Hut: Jung halbkugelig, bald flach werdend, anfangs graublau, dann fleischocker, im Alter oft von einer dicken Schleimschicht bedeckt; bis über 10 cm breit.
Lamellen: Jung weißgrau, dick und entfernt, weit am Stiel herablaufend, im Alter dunkelgrau.
Stiel: Kurz, fest, mit einer dicken, jung die Lamellen verdeckenden Schleimschicht, weiß am Grund später gelb verfärbend.
Fleisch: Weiß, geruchlos und mild.
Vorkommen: In Laub- und Nadelwäldern, häufig.
Bestimmungstip: Die dicke, jung den ganzen Pilz überziehende Schleimschicht und der später gelbe Stielgrund sind sichere Kennzeichen. Nach Abziehen des Schleims als Mischpilz brauchbar.

Kupferroter Schmierling
Chroogomphus rutilus
Schmierlinge
Hut: Jung konvex, später flach, schmutzig kupferrot-braun und stark schmierig, trocken etwas glänzend, dickfleischig; bis 8 cm breit.
Lamellen: Dick und entfernt und sehr weit am Stiel herablaufend.
Stiel: Wie der Hut kupferrotbraun, lang und schlank.
Fleisch: Orangegelb, langsam karminrot anlaufend, mild und fast geruchlos.
Vorkommen: Einzeln oder in Gruppen unter Kiefern, meist auf kalkarmen Böden.
Bestimmungstip: Fleisch nach einiger Zeit karminrot anlaufend. Nach Abziehen der Huthaut als Mischpilz verwendbar.

86

Wachsblättler

Duftender Schneckling – Ungenießbar

Natternstieliger Schneckling – Ungenießbar

Duftender Schneckling
Hygrophorus agathosmus
Wachsblättler
<u>Hut:</u> Jung konvex, dann flach, hellgrau, feucht sehr stark schleimig, trocken etwas glänzend; 4–6 cm breit.
<u>Lamellen:</u> Reinweiß, dick und entferntstehend und etwas am Stiel herablaufend.
<u>Stiel:</u> Weiß, gleichdick und grob weißflockig bereift.
<u>Fleisch:</u> Weiß, ziemlich weich, mit stark süßlichem Geruch nach Bittermandel.
<u>Vorkommen:</u> Ab Spätsommer gesellig in Nadelwäldern, vor allem im Gras entlang von Wegen.

<u>Bestimmungstip:</u> Leicht am Bittermandelgeruch zu erkennen. Für Speisezwecke ungeeignet.

Natternstieliger Schneckling, Natternschneckling
Hygrophorus olivaceoalbus
Wachsblättler
<u>Hut:</u> Jung konvex mit eingerolltem Rand, dann flach, schmutzigolivgrau, feucht stark schleimig, trocken glänzend; 3-6 cm breit.
<u>Lamellen:</u> Reinweiß, sehr breit und dicklich, meist am Stiel etwas herablaufend.
<u>Stiel:</u> Sehr lang und schlank, mit olivgrauem Schleim überzogen, der beim Eintrocknen schlangenhautartig aufreißt.
<u>Fleisch:</u> Weiß, geruchlos und mild.
<u>Vorkommen:</u> Gesellig in Nadelwäldern zwischen Moos.
<u>Bestimmungstip:</u> An den weißen, dicken und bogig angewachsenen Lamellen sowie dem schmierigen, wie eine Schlangenhaut marmorierten Stiel leicht erkennbar. Für Speisezwecke nicht empfehlenswert.

Ritterlingsartige

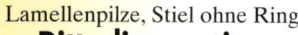

Mai-Ritterling – Eßbar

Mai-Ritterling, Maipilz

Calocybe gambosa
Ritterlingsartige
Hut: Jung halbkugelig, dann breit konvex oder flach, cremefarben und fein bereift; bis 10 cm breit.
Lamellen: Wie der Hut gefärbt, dichtstehend, am Stiel etwas ausgebuchtet.
Stiel: Kräftig, gleichdick, an der Spitze etwas faserig, dem Hut gleichfarbig.
Fleisch: Cremeblaß, im Schnitt mit starkem Mehlgeruch, mild.
Vorkommen: In Reihen und Kreisen in Mischwäldern und auf Wiesen.

Bestimmungstip: Die gleichmäßig cremeblasse Färbung, der starke Mehlgeruch und das Erscheinen im Frühjahr in dichten Hexenringen sind sichere Kennzeichen. In manchen Gegenden ist der Mai-Ritterling ein hochgeschätzter Speisepilz.
Ähnliche Arten: Zur gleichen Jahreszeit wächst an ähnlichen Standorten der sehr giftige **Ziegelrote Rißpilz** (→ Seite 113) der sich durch einen faserigen, alt rötenden Hut und graubraun werdende Lamellen unterscheidet.

Weißer Rasling

Lyophyllum connatum
Ritterlingsartige
Hut: Jung konvex mit eingerolltem Rand, bald breit gewölbt bis schwach trichterig, schmutzigweiß und etwas firnisartig glänzend; meist nur 2-5 cm breit.
Lamellen: Cremeweiß, sehr dichtstehend und am Stiel gerade angewachsen oder alt etwas herablaufend.
Stiel: Weiß, schlank und gleichdick, oft flachgedrückt.
Fleisch: Schmutzigweiß, mit ranzig-säuerlichem Geruch.
Vorkommen: In dichten Büscheln, an Straßenrändern.

Weißer Rasling – Giftig

Weißer Rasling – Giftig

Weiße Gifttrichterlinge wachsen oft schon im Frühsommer häufig am Wegrand.

Weißer Gifttrichterling – Tödlich giftig!

Bestimmungstip: Wächst oft auf frisch geschotterten Flächen. Der Pilz enthält den Wirkstoff Lyophyllin, dessen chemische Struktur mit anderen Substanzen, die sich bei Tierversuchen als genschädigend herausgestellt haben, weitgehend übereinstimmt. Ein Nachweis, daß der Pilz auch auf den Menschen wirkt, ist zwar nicht erbracht, doch ist vom Genuß auch wegen der Verwechslungsgefahr mit dem **Weißen Gifttrichterling** abzuraten.

Weißer Gifttrichterling, Feld-Trichterling
Clitocybe dealbata
Ritterlingsartige
Hut: Jung flach mit eingerolltem Rand, bald tellerartig vertieft, reinweiß und firnisartig glänzend, alt kreisförmig wellig einreißend; 2–4 cm breit.
Lamellen: Weiß oder hell cremefarben, dichtstehend und schmal.
Stiel: Reinweiß, gleichdick mit weiß bereifter Spitze.
Fleisch: Weiß, mit angenehmem Mehlgeruch.
Vorkommen: Meist an grasigen Stellen.

Bestimmungstip: Wächst außerhalb der Wälder im Gras und entlang von Wegen, meist scharenweise. Enthält das Pilzgift Muskarin (→ Seite 40) und kann, wenn nicht rechtzeitig Gegenmaßnahmen getroffen werden, lebensbedrohende Vergiftungen auslösen. Vorsicht: Kann auch in Hausgärten wachsen!
Ähnliche Arten: Es gibt zahlreiche kleine und **weißhütige Blätterpilze,** die ausnahmslos wegen der Verwechslungsgefahr mit giftigen Arten nicht gesammelt werden sollten.

Ritterlingsartige

Mönchskopf – Eßbar

Junge Mönchsköpfe

Der Wasserfleckige Trichterling wächst zwischen Moos, oft auch um Reisighaufen. Er wird erst im Alter trichterförmig

Wasserfleckiger Trichterling

Mönchskopf, Ledergelber Riesentrichterling
Clitocybe geotropa
Ritterlingsartige

Hut: Von Anfang an trichterig mit lange umgebogenem Rand und in der Mitte auffallend gebuckelt, hell lederfarben bis cremeocker; bis 25 cm breit werdend.
Lamellen: Blaß lederfarben, dichtstehend und am Stiel herablaufend.
Stiel: Lederfarben, etwas längsfaserig und gegen den Grund nicht selten schwach verdickt, sich vor dem Hut entwickelnd.

Fleisch: Cremeweiß, mit angenehm süßlichem, etwas mehlartigem Geruch und mildem Geschmack.
Vorkommen: Ab Mitte September in Reihen und Hexenringen in Laub- und Mischwäldern.
Bestimmungstip: Der Mönchskopf ist an dem oft sehr großen, gebuckelten Hut gut zu erkennen. Ergiebiger, süßlich schmeckender Speisepilz.
Ähnliche Arten: Mehrere **Trichterlingsarten,** die vorsichtshalber nicht für Speisezwecke gesammelt werden sollten, sind viel kleiner.

Wasserfleckiger Trichterling
Lepista gilva
Ritterlingsartige
Hut: Jung mit eingerolltem Rand, dann schwach trichterförmig und alt nicht selten verbogen, feucht ockergelb, trocken aufhellend und oft mit dunkleren Wasserflecken; meist 3–7 cm breit.
Lamellen: Cremeweiß, dichtstehend und am Stiel herablaufend.
Stiel: Wie der Hut gefärbt, etwas längsstreifig, am Grund die Nadelstreu zusammenballend.
Fleisch: Creme- bis ockerfar-

Ritterlingsartige

Violetter Rötelritterling – Eßbar

Violette Rötelritterlinge wachsen gesellig und bilden Hexenringe im Laub- und Nadelwald.

Violetter Rötelritterling – Eßbar

ben, mild, mit schwachem, aromatischem Geruch.
<u>Vorkommen:</u> Ab September in Nadelwäldern, dicht bestandene Kreise bildend.
<u>Bestimmungstip:</u> Bildet oft schöne und regelmäßige Hexenringe. Für Speisezwecke nicht zu empfehlen.
<u>Ähnliche Arten:</u> Es gibt eine Reihe ähnlich gefärbter und nicht leicht zu unterscheidender **Trichterlingsarten.** Wegen der Verwechslungsgefahr wird vom Genuß aller ocker- bis braungefärbter Trichterlinge abgeraten.

Violetter Rötelritterling
Lepista nuda
Ritterlingsartige
<u>Hut:</u> Jung konvex bis flach mit eingerolltem Rand, später ausgebreitet, anfangs kräftig lila, im Alter mehr fleischlila mit bräunlichem Ton, kahl und glatt; bis 12 cm breit.
<u>Lamellen:</u> Kräftig bis wässerig blaulila, auch im Alter niemals mit braunen Farben, um den Stiel ausgebuchtet.
<u>Stiel:</u> Gleichdick, am Grund oft keulig und die Nadelstreu zusammenballend, hell blaulila und etwas faserig.
<u>Fleisch:</u> Durchgefärbt lila, alt

fleischbräunlich, mit parfümartigem Geruch und ebensolchem mildem Geschmack.
<u>Vorkommen:</u> Ab Mitte September in Reihen und Kreisen in Laub- und Nadelwäldern, allgemein häufig.
<u>Bestimmungstip:</u> Beim Sammeln auf die immer blauvioletten und niemals braun verfärbenden Lamellen achten. Ergiebiger Speisepilz, wegen des etwas süßlichen Geschmacks als Mischpilz nicht zu empfehlen.
<u>Ähnliche Arten:</u> **Violetthütige Schleierlinge** besitzen im Alter rostbraune Lamellen und sind ungenießbar.

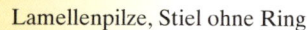

Riesen-Rötling – Giftig

Riesen-Rötling – Giftig

Graukappe – Eßbar

Graukappe, Lamellen

Riesen-Rötling, Giftrötling

Entoloma sinuatum
Rötlingsartige

Hut: Konvex bis flach, häufig mit breitem und stumpfem Buckel, gleichmäßig hell silbergrau bis elfenbeinfarben und oft schwach gestreift; bis über 10 cm breit.

Lamellen: Jung cremegelb, später zartrosa, am Stiel anfangs gerade angewachsen, alt ausgebuchtet, nicht vom Hutfleisch ablösbar.

Stiel: Weißgrau, lang und schlank, gleichdick oder am Grund schwach keulig.

Fleisch: Weiß, mit angeneh-mem Mehlgeruch.

Vorkommen: In Reihen und Hexenringen unter Buchen, in manchen Gegenden recht häufig.

Bestimmungstip: Sieht einer **Graukappe** ähnlich und wächst oft an den gleichen Standorten. Verursacht bei Genuß tagelang anhaltende Verdauungsstörungen.

Ähnliche Arten: Die **Graukappe** unterscheidet sich durch dichterstehende, etwas am Stiel herablaufende und leicht vom Hutfleisch ablösbare, niemals rosagefärbte Lamellen und stark säuerlichen Geruch.

Graukappe, Nebelkappe, Herbstblattl

Lepista nebularis
Ritterlingsartige

Hut: Jung halbkugelig, dann konvex bis flach, trocken, hellgrau, am Rand lange Zeit eingerollt; bis 15 cm breit.

Lamellen: Weiß bis blaß cremefarben, dichtstehend und am Stiel herablaufend.

Stiel: Kräftig, ziemlich kurz, etwas graulich marmoriert und gegen den Grund oft verdickt.

Fleisch: Weißlich, mit starkem, säuerlichem, Geruch.

Vorkommen: Ab September in Laub- und Nadelwäldern

Geselliger Rasling – Eßbar

zwischen Laub und Streu, stets Reihen oder Hexenringe bildend.

Bestimmungstip: Die Lamellen lassen sich mit dem Daumennagel leicht vom Hutfleisch ablösen! Als Speisepilz verwendbar, behält jedoch den stark säuerlichen Geschmack. Beim Genuß sehr junger oder nicht ausreichend gekochter Graukappen können erhebliche Verdauungsbeschwerden auftreten. Junge Graukappen können mit dem giftigen **Riesen-Rötling** verwechselt werden.

Ähnliche Arten: Der giftige **Riesen-Rötling** unterscheidet sich durch ausgebuchtete und bald rosafarbene Lamellen und Mehlgeruch.

Geselliger Rasling
Lyophyllum fumosum
Ritterlingsartige

Hut: Jung konvex, dann verflacht mit anfangs eingerolltem Rand, schmutzigrauchgrau bis fast schwarzbraun, etwas gestreift, feucht glänzend; 3–6 cm breit.

Lamellen: Weißlichgrau, dichtstehend und um den Stiel anfangs etwas ausgebuchtet, später oft gerade angewachsen.

Stiel: Weißgrau, gleichdick, kahl und glatt, meist einem kräftigen, zahlreiche Fruchtkörper tragenden Strunk entspringend.

Fleisch: Weiß, etwas mehlartiger Geruch, mild.

Vorkommen: Schon ab Mai auf Wiesen, an Wegrändern und in Parkanlagen.

Bestimmungstip: Der Gesellige Rasling wächst knäuelig-büschelig auf Wiesen und Weiden. Guter Speisepilz.

Ähnliche Arten: Der **Weiße Rasling** (→ Seite 89) hat einen weißen Hut und gilt als giftig.

Grünling – Eßbar

Schwefel-Ritterling – Ungenießbar

Grünling – Eßbar

Schwefel-Ritterling – Ungenießbar

Grünling
Tricholoma equestre
Ritterlingsartige
Hut: Jung halbkugelig bis
konvex, später breitgewölbt,
olivbraun, gegen den Rand
grüngelb, stark schmierig
und oft von Sand bedeckt;
bis 10 cm breit.
Lamellen: Lebhaft gelbgrün,
dichtstehend und um den
Stiel ausgebuchtet.
Stiel: Derb keulig bis gleichdick, lebhaft schwefel- bis
grüngelb.
Fleisch: Zitronengelb, mit
starkem Mehlgeruch.
Vorkommen: Ab Ende Sep-
tember in Kiefernwäldern

auf sandigem Boden.
Bestimmungstip: Wächst nur
in Kiefernwäldern.
Seltener, guter Speisepilz,
sollte geschont werden.

Schwefel-Ritterling
Tricholoma sulphureum
Ritterlingsartige
Hut: Jung halbkugelig, bald
flach oder trichterförmig,
hell schwefelgelb oder röt-
lichbraun und oft ausblassend, matt und trocken, dickfleischig; bis 8 cm breit.
Lamellen: Schwefelgelb, auffallend entfernt, dick, um
den Stiel ausgebuchtet.
Stiel: Derb keulig bis gleich-

dick, etwas längsfaserig.
Fleisch: Lebhaft schwefelgelb, mit starkem Geruch
nach Leuchtgas.
Vorkommen: In Laub- und
Nadelwäldern, besonders
entlang von Forststraßen.
Bestimmungstip: Am wider-
lichen Geruch leicht zu erkennen. Ungenießbar, kann
erhebliche Verdauungsbe-
schwerden verursachen.

Schwarzfaseriger Ritterling
Tricholoma portentosum
Ritterlingsartige
Hut: Jung halbkugelig, dann
breit gewölbt bis flach, an-

Ritterlingsartige

Schwarzfaseriger Ritterling – Eßbar

Der Mäusegraue Erdritterling wächst gesellig an Forst-
straßenrändern. Sein gleichmäßig grauwolliger Hut
und die weder gelb noch rot verfärbenden Lamellen
unterscheiden ihn von ähnlichen Ritterlingen.

Mäusegrauer Erdritterling – Eßbar

fangs fast schwarz, dann dunkelgrau und mitunter gelbgrün- oder blauschimmernd, feucht klebrig, niemals filzig; bis 10 cm breit.
Lamellen: Jung weiß, dann oft fleckenweise schön zitronengelb verfärbend, um den Stiel ausgebuchtet.
Stiel: Gleichdick, ziemlich kräftig, reinweiß und nur wenig längsfaserig, im Alter oft hell zitronengelb verfärbend.
Fleisch: Weiß, mit mildem Geschmack und angenehmem, mehlartigem Geruch.
Vorkommen: Ab September in Nadelwäldern, meist unter Kiefern und Fichten in man-

chen Gegenden häufig.
Bestimmungstip: Der dunkle, niemals schuppige Hut und die zitronengelben Farben auf den Lamellen unterscheiden den Pilz von ähnlichen Ritterlingen. Wohlschmeckender Speisepilz.

Mäusegrauer Erdritterling
Tricholoma terreum
Ritterlingsartige
Hut: Jung glockig, dann oft etwas gebuckelt, grau bis schwärzlich und feinwollig, bis 8 cm breit.
Lamellen: Weißlich, alt etwas grauend, dichtstehend und

um den Stiel ausgebuchtet.
Stiel: Gleichdick, weißgrau, etwas längsfaserig.
Fleisch: Weiß, mit mildem Geschmack und mehlartigem Geruch.
Vorkommen: Ab September scharenweise in Laub- und Nadelwäldern.
Bestimmungstip: Unter den zahlreichen **grauhütigen Ritterlingen** ist diese Art durch nicht gilbende oder rötende Lamellen und den niemals schuppigen Hut gekennzeichnet. Als Speisepilz verwendbar, aber nicht sehr wohlschmeckend.

Ritterlingsartige

Tigerritterling – Giftig

Purpurfilziger Holzritterling

Tigerritterling – Giftig

Purpurfilziger Holzritterling – Ungenießbar

Purpurfilziger Holzritterling

Tricholomopsis rutilans
Ritterlingsartige

Hut: Konvex, dann verflachend, auf gelbem Grund purpur- bis karminrot filzig-schuppig; jung oft ganz purpurn, alt auch reingelb; bis über 10 cm breit.

Lamellen: Lebhaft goldgelb, um den Stiel wenig ausgebuchtet und ziemlich dichtstehend.

Stiel: Gleichdick, auf blaßgelbem Grund purpurn-filzig, alt oft verkahlend.

Fleisch: Gelblichweiß, mild und geruchlos.

Vorkommen: An Nadelholzstümpfen, ziemlich häufig.

Bestimmungstip: Kommt nur auf Nadelholz vor. An dem karmin-purpurnen Filz auf dem Hut leicht kenntlich. Alte, verkahlte Fruchtkörper sind oft reingelb. Als Mischpilz verwendbar, aber ohne besonderen Geschmack.

Tigerritterling

Tricholoma pardalotum ☠
Ritterlingsartige

Hut: Konvex bis polsterförmig gewölbt, alt auch flach, jung hellgrau und grobfilzig, später mit groben, oft dunkelgrauwerdenden, wolligen

Schuppen bedeckt, im Alter auch bräunlich oder etwas lila; bis 12 cm breit.

Lamellen: Weiß, ziemlich dick und sehr breit, um den Stiel tief ausgebuchtet.

Stiel: Derb keulig bis gleichdick, reinweiß, an der Spitze jung mit Wassertropfen.

Fleisch: Weiß, mit angenehmem, mehlartigem Geruch und mildem Geschmack.

Vorkommen: In Laub- und Nadelwäldern, oft Reihen und Kreise bildend.

Bestimmungstip: Am grauschuppigen Hut und den Wassertropfen an der Stielspitze zu erkennen.

Breitblättriger Holzrübling – Ungenießbar

Wurzelnder Schleimrübling – Ungenießbar

Breitblättriger Holzrübling – Ungenießbar

Der Wurzelnde Schleimrübling bekommt bei Trockenheit einen runzeligen Hut. Er wächst oft schon im Frühsommer.

Der Pilz verursacht trotz seines Wohlgeschmacks heftige und tagelang anhaltende Verdauungsstörungen. Ähnliche Arten: Es gibt eine Reihe **grauhütiger Ritterlinge,** die jedoch glatte bis faserige Hüte besitzen und keine Wassertropfen an der Stielspitze ausscheiden.

Breitblättriger Holzrübling
Megacollybia platyphylla
Ritterlingsartige
Hut: Konvex, dann flach auf graubraunem, seltener weißgrauem Grund etwas gestreift, trocken und dünnfleischig; bis über 10 cm breit. Lamellen: Weiß, dicklich, sehr breit und bauchig vorstehend, um den Stiel tief ausgebuchtet. Stiel: Lang, gleichdick und hellgrau längsgestreift, am Grund mit dicken weißen Strängen mit totem Holz verbunden. Fleisch: Weiß, geruchlos und mild. Vorkommen: An Stümpfen in Laub- und Nadelwäldern. Bestimmungstip: Die auffälligen Pilze erscheinen schon im Frühsommer. Als Speisepilz nicht zu empfehlen.

Wurzelnder Schleimrübling
Xerula radicata
Ritterlingsartige
Hut: Jung kegelig, bald flach mit breitem Buckel, auf graubraunem Grund stark schleimig; bis 8 cm breit. Lamellen: Reinweiß, breit, entferntstehend und um den Stiel ausgebuchtet. Stiel: Sehr lang, gleichdick und sehr tief im Boden wurzelnd, längsstreifig, sehr zäh. Fleisch: Geruchlos und mild. Vorkommen: Meist einzeln in Buchenwäldern. Bestimmungstip: Stark schleimiger Pilz, einzeln im Buchenwald.

Butter-Rübling

Nelkenschwindling – Eßbar

Horngrauer Rübling

Das Pilzgeflecht des Nelkenschwindlings bringt die Grasnarbe zum Absterben. Diese „Rasenkrankheit" ist bei Gartenfreunden als „Hexenring" bekannt. Bekämpfen kann man diese nur in naturnahen Gärten auftretende Erscheinung nicht.

Butter-Rübling
Collybia butyracea
Ritterlingsartige
Hut: Halbkugelig, dann konvex bis flach, feucht satt kastanienrotbraun, trocken heller; bis 6 cm breit.
Lamellen: Weiß, nicht fleckend, dichtstehend, um den Stiel ausgebuchtet, mit gesägter Schneide.
Stiel: Mit bauchig erweitertem Grund, weißlich oder wie der Hut gefärbt und längsstreifig.
Fleisch: Weiß, mit angenehmem Buttergeruch.
Vorkommen: Gesellig, in Laub- und Nadelwäldern, oft Hexenringe bildend.
Bestimmungstip: Der Butter-Rübling fällt durch seinen schön kastanienbraunen Hut auf. Er ist wie alle Rüblinge ohne Wohlgeschmack.
Ähnliche Arten: Der **Verdrehte Rübling** (*Collybia distorta*) hat einen verbogenen Hut sowie im Alter rostbraun fleckende Lamellen.
Der **Horngraue Rübling** (*Collybia butyracea* var. *asema*) unterscheidet sich nur durch stumpf horngraubraune Farben auf Hut und Stiel.

Nelkenschwindling
Marasmius oreades
Ritterlingsartige
Hut: Orange- bis rotbraun, konvex, alt oft schwach gebuckelt; bis 5 cm breit.
Lamellen: Cremefarben, ziemlich entferntstehend, um den Stiel ausgebuchtet.
Stiel: Lang und schlank, blasser als der Hut gefärbt.
Fleisch: Mit Geruch nach Sägespänen, mild.
Vorkommen: In Hexenringen, an Waldrändern, in Parkanlagen und Gärten.
Bestimmungstip: Meist scharenweise oder in Hexenringen auf Wiesen und an

Kleiner Knoblauchschwindling – Eßbar

Langstieliger Knoblauchschwindling

Waldrändern zwischen Gras. Wird oft als eßbar angegeben, ist aber ohne besonderen Wohlgeschmack.

Kleiner Knoblauch-Schwindling, Küchenschwindling
Marasmius scorodonius
Ritterlingsartige
Hut: Glockig oder konvex, feucht hell ockerbraun, trocken blaß lederfarben, dünnfleischig mit geripptem Rand; bis 2 cm breit.
Lamellen: Weiß, etwas dicklich und entferntstehend, um den Stiel ausgebuchtet.
Stiel: Dünn, röhrig und ziem-

lich zäh, kahl und gleichmäßig rotbraun gefärbt.
Fleisch: Mit intensivem Geruch nach Knoblauch.
Vorkommen: Gesellig zwischen Nadelstreu in Fichten- und Kiefernwäldern.
Bestimmungstip: Auffälliger Knoblauchgeruch. Wird als Würzpilz verwendet.

Langstieliger Knoblauchschwindling
Marasmius alliaceus
Ritterlingsartige
Hut: Jung konvex, bald flach, hell lederfarben bis graubraun, trocken stark aufhellend; 2–4 cm breit.

Lamellen: Schmutzigweiß bis hell graubraun, ziemlich entfernt und dicklich, um den Stiel ausgebuchtet.
Stiel: Sehr lang und schlank, auf schwarzbraunem Grund feinbereift.
Fleisch: Mit intensivem Geruch nach Knoblauch.
Vorkommen: Ab Mai bis zum Herbst unter Buchen liegenden oder vergrabenen Holzstücken aufsitzend, mitunter in größerer Zahl.
Bestimmungstip: Am bereiften, fast schwarzen Stiel und dem starken Knoblauchgeruch sicher zu erkennen.

99

Ritterlingsartige

Blauer Lackpilz – Eßbar

Roter Lackpilz – Eßbar

Blauer Lackpilz – Eßbar

Die Lamellen der Lackpilze stehen
weit entfernt und haben eine sehr
stumpfe Schneide.

Blauer Lackpilz

Laccaria amethystina
Ritterlingsartige
Hut: Jung konvex, im Alter
etwas trichterförmig vertieft
und verbogen, feucht dunkel
amethyst-violett, trocken
stark ausblassend und weißgrau, fein schuppig, sehr
dünnfleischig; 2–4 cm breit.
Lamellen: Dicklich und sehr
breit, entferntstehend und
jung um den Stiel etwas ausgebuchtet, dunkel amethyst-
violett.
Stiel: Lang und schlank, etwas längsfaserig, wie der Hut
gefärbt.
Fleisch: Feucht durchgefärbt

violettfarben, trocken blau-
grau, geruchlos und mild.
Vorkommen: Häufig und
meist scharenweise in Laub-
und Nadelwäldern.
Bestimmungstip: Als Speisepilz verwendbar, aber ohne
Aroma und wenig ergiebig.
Der Blaue Lackpilz ähnelt
dem ungenießbaren **Rettichhelmling,** der jedoch heller
blau bis violett gefärbt ist,
und unverkennbar nach Rettich riecht.
Ähnliche Arten: Der **Rote
Lackpilz** unterscheidet sich
nur durch hell fleischrosa
Farben, er ist etwas kleiner.

Roter Lackpilz

Laccaria laccata
Ritterlingsartige
Hut: Jung konvex, im Alter
etwas trichterförmig vertieft,
feucht rosa bis fleischrot,
trocken rötlichweiß und feinschuppig, sehr dünnfleischig;
1–3 cm breit.
Stiel und Fleisch: Hell rosa,
sonst wie beim Blauen Lackpilz.
Vorkommen: Gesellig in
Laub- und Nadelwäldern,
zwischen Gebüsch und an
feuchten Stellen, häufig.
Bestimmungstip: Unterscheidet sich vom **Blauen Lackpilz** nur durch die fleischrote

Rettichhelmling – Ungenießbar

Rettichhelmling – Ungenießbar

Rettichhelmling – Ungenießbar

Rettichhelmling – Ungenießbar

Farbe. Als Speisepilz verwendbar, aber ohne eigenen Geschmack und wenig ergiebig.

Rettichhelmling
Mycena pura
Ritterlingsartige
Hut: Breitglockig oder konvex bis flach, meist hell blauviolett bis blaulila, aber auch rosa oder reinweiß, feucht am Rand durchscheinend gerieft, sehr dünnfleischig; 2–4 cm breit.
Lamellen: Weiß oder hellrosa, ziemlich breit und bauchig vorstehend, um den Stiel tief ausgebuchtet.

Stiel: Schlank, wie der Hut gefärbt, kahl und glatt mit etwas filzigem Grund und innen röhrig hohl.
Fleisch: Mit starkem Rettichgeruch.
Vorkommen: Vom Frühsommer bis in den Spätherbst in Laub- und Nadelwäldern; einer unserer häufigsten und weitverbreiteten Lamellenpilze.
Bestimmungstip: Riecht stark nach Rettich. Der Pilz ist ungenießbar und enthält in geringen Mengen das Pilzgift Muskarin (→ Seite 40). Vergiftungsfälle sind aber bisher nicht bekanntgeworden.

Ähnliche Arten: Der Rettichhelmling wird neuerdings in drei einander sehr ähnliche Arten aufgeteilt. Ebenfalls nach Rettich riecht der **Dunkelschneidige Rettichhelmling** *(Mycena pelianthina)* mit schmutzig graublassem Hut und dunkel grauvioletten, an der Schneide schwarzpurpurn flockigen Lamellen. Er wächst im Sommer zwischen Buchenlaub. Der **Blaue Lackpilz** sieht trocken mitunter ähnlich aus, ist aber an den stets violetten Lamellen sowie am fehlenden Rettichgeruch zu unterscheiden.

Gemeiner Zapfenrübling – Eßbar

Gemeiner Zapfenrübling – Eßbar

Weißmilchender Helmling – Ungenießbar

Gemeiner Zapfenrübling

Strobilurus esculentus
Ritterlingsartige
<u>Hut:</u> Breit konvex, horngrau bis dunkel schokoladenbraun, mitunter recht hell und fast weiß, dünnfleischig, nicht gerieft; 1–3 cm breit.
<u>Lamellen:</u> Weiß, ziemlich dichtstehend und um den Stiel ausgebuchtet.
<u>Stiel:</u> Dünn, fest und biegsam, graugelb bis braungrau mit heller Spitze.
<u>Vorkommen:</u> In Nadelwäldern; erscheint schon im zeitigen Frühjahr nach der Schneeschmelze auf ver-

grabenen Fichtenzapfen.
<u>Bestimmungstip:</u> Häufiger Frühjahrspilz des Fichtenwaldes. Die oft tief vergrabenen Zapfen sind nicht immer leicht zu finden.
<u>Ähnliche Arten:</u> Ebenfalls im Frühjahr wächst auf Kiefernzapfen der etwas kleinere **Kiefern-Zapfenrübling** *(Strobilurus tenacellus).*

Weißmilchender Helmling

Mycena galopus
Ritterlingsartige
<u>Hut:</u> Kegelig, weißlich, hellgrau bis fast grauschwarz, feucht durchscheinend gerieft, sehr dünnfleischig;

1–2 cm breit werdend.
<u>Lamellen:</u> Weiß, ziemlich entferntstehend, um den Stiel ausgebuchtet.
<u>Stiel:</u> Hellgrau, sehr dünn und schlank, glatt und bei Verletzung einen weißen Milchsaft absondernd.
<u>Vorkommen:</u> Ab Frühsommer scharenweise in Nadelwäldern zwischen Moos.
<u>Bestimmungstip:</u> An den beim Abbrechen des Stiels austretenden Milchtropfen zu erkennen. Alle Helmlinge sind für Speisezwecke nicht verwendbar.

Samtfußrübling – Eßbar

Samtfußrübling – Eßbar

Der Samtfußrübling läßt sich aufgrund des samtigen und unberingten Stiels sicher vom Stockschwämmchen und vom tödlich giftigen Gifthäubling unterscheiden.

Knopfstieliger Rübling – Ungenießbar

Samtfußrübling
Flammulina velutipes
Ritterlingsartige
Hut: Konvex, im Alter flach und gleichmäßig rotbraun, 2–5 cm breit.
Lamellen: Weiß oder blaßgelblich, um den Stiel nur wenig ausgebuchtet.
Stiel: Jung gelblich, vom Grund her bald dunkel rot- bis schwarzbraun verfärbend, feinsamtig.
Fleisch: Gelblich, mit angenehmem Geruch und mildem Geschmack.
Vorkommen: Büschelig in der kalten Jahreszeit, häufig an Stümpfen und liegenden Stämmen von Laubhölzern, seltener an Nadelholz.
Bestimmungstip: Zur Erscheinungszeit kaum verwechselbar. In der pilzarmen kalten Jahreszeit wohlschmeckender, Speisepilz, von dem nur die Hüte verwendet werden.
Ähnliche Arten: Vom tödlich giftigen **Gifthäubling** (→ Seite 78) durch samtigen, unberingten Stiel und weiße Lamellen unterschieden.

Knopfstieliger Rübling
Collybia confluens
Ritterlingsartige
Hut: Kegelig bis flach, hell leder-fleischfarben, mit feucht gerieftem Rand, kahl und glatt; bis 3 cm breit.
Lamellen: Weißlich, dichtstehend und um den Stiel tief ausgebuchtet.
Stiel: Oft flachgedrückt, blaß lederbraun und weißfilzig, knopfartig in das Hutfleisch eingewachsen.
Fleisch: Mild und geruchlos.
Vorkommen: Häufig, in Laub- und Nadelwäldern, in dichten Büscheln und oft Reihen und Kreise bildend.
Bestimmungstip: An den feinfilzigen, nicht vom Hutfleisch zu lösenden Stielen leicht zu erkennen.

103

Schwarzschneidiger Dachpilz

Schwarzschneidiger Dachpilz

Rehbrauner Dachpilz – Eßbar

Rehbrauner Dachpilz
Pluteus atricapillus
Dachpilzartige
Hut: Jung konvex, bald flach ausgebreitet und in der Mitte schwach gebuckelt, dunkel-rehbraun, oft etwas grubig eingedrückt, ziemlich dünn-fleischig; meist 5–8 cm breit.
Lamellen: Dichtstehend, jung weiß, bald zartrosa mit glatter Schneide, am Stiel nicht angewachsen.
Stiel: Gleichdick, etwas bräunlich marmoriert oder längsstreifig.
Fleisch: Weiß, geruchlos und mild.
Vorkommen: Stets auf Holz-resten, meist an Stümpfen verschiedener Nadelbäume und oft einzeln wachsend, gelegentlich auch auf Rin-denmulch und Sägespänen und dann mitunter massen-haft und sogar büschelig wachsend.
Bestimmungstip: Dachpilze erkennt man an den bald ro-safarbenen und niemals am Stiel angewachsenen Lamel-len.
Ähnliche Arten: Der eben-falls eßbare **Schwarzschnei-dige Dachpilz** *(Pluteus atromarginatus)* hat einen feinsamtigen Hut und eine dunkelbraun flockige Lamellenschneide.
Die meisten anderen, fast ausnahmslos holzbesiedeln-den **Dachpilze** sind viel klei-ner.
In einer Dachpilzart, dem **Weiden-Dachpilz** *(Pluteus salicinus)* wurde das Pilzgift Psilocybin entdeckt, das als Rauschgift der Azteken berühmt wurde.

| Rotbrauner Scheidenstreifling, jung | Rotbrauner Scheidenstreifling – Eßbar |

Der geriefte Hutrand und der ringlose Stiel sind sichere Kennzeichen der Scheidenstreiflinge und unterscheiden sie so von den giftigen Knollenblätterpilzen.

Rotbrauner Scheidenstreifling

Amanita fulva

Wulstlinge

<u>Hut:</u> Jung eiförmig und völlig von der außen hell rotbraunen, häutigen Scheide umschlossen, später konvex, zuletzt flach bis schüsselförmig und von Jugend an am Rand breit kammartig gerieft, dünnfleischig; meist 3–8 cm breit werdend.

<u>Lamellen:</u> Weiß, dichtstehend und am Stiel nicht angewachsen.

<u>Stiel:</u> Lang und schlank, feinflockig, am Grund mit einer häutigen, außen rotbraunen, im Boden eingesenkten und jung den ganzen Fruchtkörper umschließenden Scheide, stets ohne Ring, innen hohl.

<u>Fleisch:</u> Weiß, weich, geruchlos und mild.

<u>Vorkommen:</u> In Nadelwäldern und Mooren, meist auf feuchteren Böden, überall häufig.

<u>Bestimmungstip:</u> Eßbar, roh jedoch unbekömmlich. Alle Scheidenstreiflinge können leicht mit **giftigen Knollenblätterpilzen** verwechselt werden, die sich durch einen glatten Hutrand und einen stets beringten Stiel unterscheiden.

<u>Ähnliche Arten:</u> Es gibt eine Reihe schwer zu unterscheidender **Scheidenstreiflinge** mit unterschiedlichen Hutfarben. Alle besitzen einen unberingten Stiel und einen am Rand deutlich kammartig gerieften Hut.

Tintlingsartige

Faltentintling – Eßbar; in Verbindung mit Alkohol giftig!

Faltentintling – Eßbar; in Verbindung mit Alkohol giftig!

Die scheidige Ringzone am Stielgrund des Faltentintlings fällt meist vorzeitig ab und ist an ausgewachsenen Fruchtkörpern oft nicht mehr zu sehen.

Faltentintling

Coprinus atramentarius
Tintlingsartige

<u>Hut:</u> Jung eiförmig, dann glockig, hell graubraun, etwas längsgestreift und am Scheitel flockig bereift; bis 7 cm breit.

<u>Lamellen:</u> Jung weißgrau, dann schwarz, nicht zerfließend, sich aber bei der Sporenreife auflösend.

<u>Stiel:</u> Weiß, hohl, am Grund etwas verdickt und scheidenartig beringt.

<u>Fleisch:</u> Weiß, geruchlos und mild.

<u>Vorkommen:</u> Auf gedüngten Wiesen, in Parkanlagen und Gärten, am Rand von Schuttplätzen und an Straßenrändern, fast immer außerhalb von Wäldern, nach Regen mitunter massenhaft.

<u>Bestimmungstip:</u> Der Faltentintling ähnelt dem **Schopftintling,** Hut jedoch gräulich mit strahligen Rillen und nicht schuppig.

In jungem Zustand ein hervorragender Speisepilz, dem Schopftintling an Wohlgeschmack überlegen. Der Pilz enthält Coprin (→ Seite 42). Warnung: Bis 2 Tage nach der Mahlzeit darf unter keinen Umständen Alkohol genossen werden, da bereits geringe Mengen, wie zum Beispiel in Arzneimitteln enthalten, sehr heftige und lebensbedrohende Vergiftungserscheinungen hervorrufen können!

<u>Ähnliche Arten:</u> Die meisten ähnlich aussehenden **Tintlinge** sind viel kleiner und kaum zu verwechseln.

Schopftintling, aufgeschnitten

Schopftintling – Eßbar

Schopftintling, alter Hut

Schopftintling

Coprinus comatus

Tintlingsartige

Hut: Jung geschlossen eichelförmig, anfangs weiß mit gelbbraunem Scheitel und stark schuppig, dann glockig und sich vom Rand her auflösend und zerfließend; bis 5 cm breit und 10 cm hoch.

Lamellen: Jung reinweiß, ziemlich breit und dichtstehend, vom Hutrand her über purpurrötlich rasch schwarz werdend und völlig zerfließend, Sporen dabei als schwarze Flüssigkeit abtropfend.

Stiel: Weiß, lang und schlank mit knolligem Grund und tief unten ansitzendem, schwer erkennbarem und häufig schon in der Jugend abfallendem Ring, innen hohl.

Fleisch: Weiß, mit angenehmem Geruch und mildem Geschmack.

Vorkommen: Auf Weiden, an Wegrändern und in Gärten, nach Regenfällen im Herbst oft in großer Zahl, in Wäldern nur am Rand von Forststraßen.

Bestimmungstip: Der Schopftintling ähnelt dem **Faltentintling,** sein Hut ist jedoch mit flockigen Schuppen besetzt.

Im jungen, noch geschlossenen Zustand ein ausgezeichneter Speisepilz. Sobald sich die Lamellen verfärben, kann der Pilz nicht mehr gesammelt werden, weil das Zerfließen sehr rasch einsetzt. Ohne radioaktive Belastung.

Ähnliche Arten: Der ungenießbare **Spechttintling** (*Coprinus picaceus*) hat einen dunkel dattelbraunen Hut mit weißen Flöckchen. Er zerfließt ebenfalls bei der Reife und wächst in feuchten Rotbuchenwäldern zwischen Laub.

Rauchblättriger Schwefelkopf – Eßbar

Grünblättriger Schwefelkopf – Ungenießbar

Rauchblättriger Schwefelkopf, Lamellen

Der Rauchblättrige Schwefelkopf ist nur anhand der Lamellenfarbe sicher von seinem ebenfalls büschelig wachsenden Doppelgänger, dem Grünblättrigen Schwefelkopf, zu unterscheiden.

Rauchblättriger Schwefelkopf

Hypholoma capnoides
Träuschlingsartige
Hut: Jung halbkugelig, dann konvex bis flach, hell honiggelb mit fuchsigem Scheitel, bis 6 cm breit werdend.
Lamellen: Jung fast reinweiß, bald grau werdend, dichtstehend und um den Stiel ausgebuchtet.
Stiel: Am Grund büschelig verwachsen, bräunlich und vor allem im Herbst jung oft mit faseriger Ringzone.
Fleisch: Gelblichweiß, mit angenehmem Geruch und mildem Geschmack.

Vorkommen: Das ganze Jahr über an Stümpfen verschiedener Nadelhölzer, stets büschelig;
Bestimmungstip: Der Rauchblättrige Schwefelkopf wächst büschelig an Nadelholzstrünken. Die Hüte liefern sehr wohlschmeckende und vor allem zur kalten Jahreszeit willkommene Gerichte. Die Stiele sind zäh.
Ähnliche Arten: Der **Grünblättrige Schwefelkopf** unterscheidet sich nur durch jung gelbe, alt graugrüne Lamellen. Er schmeckt bitter und verursacht Verdauungsbeschwerden.

Grünblättriger Schwefelkopf

Hypholoma fasciculare
Träuschlingsartige
Hut: Jung konvex bis halbkugelig, dann flach, lebhaft schwefelgelb mit orangefuchsigem Scheitel; bis 5 cm breit.
Lamellen: Jung hell schwefel- bis grüngelb, dann graugrün, dichtstehend und um den Stiel ausgebuchtet.
Stiel: Am Grund büschelig verwachsen, schwefelgelb, jung oft mit einer faseriger Ringzone.
Fleisch: Schwefelgelb, mit angenehmem Geruch und

Träuschlingsartige

Sparriger Schüppling – Ungenießbar

Sparriger Schüppling

bitterem Geschmack.
Vorkommen: Ab Mai vor allem an Stümpfen von Laubhölzern.
Bestimmungstip: Wächst vor allem an Laubholzstrünken, Lamellen grünlich. Der Pilz ist wegen seines bitteren Geschmacks ungenießbar.
Ähnliche Arten: Der **Rauchblättrige Schwefelkopf** besiedelt ausschließlich Nadelholz.
Der **Ziegelrote Schwefelkopf** (*Hypholoma sublateritium*) ist größer, auf dem Scheitel mehr rötlich gefärbt und wegen seiner Bitterkeit ebenfalls nicht genießbar.

Sparriger Schüppling
Pholiota squarrosa
Träuschlingsartige
Hut: Jung konvex, dann breitgewölbt, hell stroh- bis orangegelb und dicht schuppig; 4–8 cm breit.
Lamellen: Jung wachsgelb, dann schmutzig oliv- rostbraun, dichtstehend und um den Stiel ausgebuchtet.
Stiel: Schlank, fest, an der Spitze gelblich, mit brauner, faseriger, ringartiger Zone und darunter rostbraun schuppig.
Fleisch: Gelblich, mit rettichartigem Geruch und etwas bitterem Geschmack.

Vorkommen: Ab September in oft dichten Büscheln auf Stümpfen von Nadelhölzern, auch am Grund lebender Stämme, selten an Laubholz.
Bestimmungstip: Die auffallenden Schüppchen und das Büschelwachstum machen den Sparrigen Schüppling unverwechselbar.
Wegen seines bitteren Geschmacks für Speisezwecke nicht empfehlenswert.
Ähnliche Arten: Der **Hallimasch** (→ Seite 77) hat weiße bis hellbräunliche Lamellen und keine sparrig eingerollten Schüppchen auf Hut und Stiel.

Schleierlingsartige

Großer Rettichfälbling – Giftig

Großer Rettichfälbling

Rettichfälblinge können jung die gleichen Hutfarben wie Steinpilze besitzen; sie riechen aber stark nach Rettich (Name!)

Großer Rettichfälbling
Hebeloma sinapizans
Schleierlingsartige
Hut: Jung halbkugelig bis konvex, dann flach, hell rotbraun und feucht stark schmierig, trocken bereift, dickfleischig; bis über 10 cm breit werdend.
Lamellen: Jung weißgrau, dann milchkaffeebraun, dichtstehend und um den Stiel ausgebuchtet.
Stiel: Kräftig, gleichdick, auf ganzer Länge grobflockig.
Fleisch: Weißlich, mit kräftigem, rettichartigem Geruch.
Vorkommen: Ab September, gesellig und oft Reihen und Kreise bildend in Laubwäldern, vor allem unter Buchen auf Kalkböden.
Bestimmungstip: Der Große Rettichfälbling wächst gesellig in Reihen oder Kreisen. Am Rettichgeruch und dem weißflockigen Stiel erkennbar.
Kann nachhaltige Verdauungsstörungen auslösen, ist aber nicht gefährlich giftig.
Ähnliche Arten: Junge Fruchtkörper ähneln kleinen **Steinpilzen.**
Zahlreiche **Fälblingsarten** mit lehm- bis tonbraunen und schmierigen Hüten sind schwer zu unterscheiden. Sie riechen häufig nach Rettich oder Kakao und sind ausnahmslos ungenießbar.
Sehr ähnlich ist der **Spindelfüßige Fälbling** *(Hebeloma edurum)* mit wenig hellerem, am Rand fein gekerbtem Hut, meist derb-keuligem und darunter spindelförmig wurzelndem Stiel. Der in Fichtenschonungen und an grasigen Waldwegen wachsende Pilz riecht angenehm nach Kakao, ist aber ungenießbar.

Schleierlingsartige

Schleiereule

Schleiereule, alter Pilz

Die Schleiereule ist der größte Pilz der über 500 Arten zählenden Gattung der Schleierlinge. Der Pilzhut kann bis 20 Zentimeter breit werden.

Schleiereule, junge Pilze

Schleiereule

Cortinarius praestans
Schleierlingsartige
Hut: Jung dunkel violettblau bis purpurbraun, halbkugelig und dem dickkeuligen Stiel aufsitzend, dabei von einem bläulichweißen, seidigen Schleier umgeben und wie ein Eulenauge aussehend, bald konvex und satt rotbraun, schließlich flach oder schüsselartig und lange von häutigen Hüllresten bekleidet, im Alter zu einem hellen Haselbraun verblassend und am Rand runzelig gerieft, feucht schmierig; bis 20 cm breit werdend.

Lamellen: Jung grau, dann blaß ton- bis rostbraun, mit gekerbter Schneide, um den Stiel ausgebuchtet.
Stiel: Derb knollig, bläulichweiß, im Alter bräunend, mit seidigen Hüllresten und im oberen Drittel mit einer faserigen, im Alter von den Sporen rostbraun gefärbten Ringzone.
Fleisch: Bläulichweiß, ziemlich fest und hart, geruchlos und mild schmeckend.
Vorkommen: Vorwiegend in feuchten und warmen Laubwäldern auf Kalkboden, oft dicht büschelig in Reihen und Hexenringen, in vielen

Gegenden sehr selten.
Bestimmungstip: Wächst in Laubwäldern. An der dicken, rundlichen Stielknolle und den violettbraunen Hutfarben gut kenntlich.
Gilt als sehr wohlschmekkend, enthält aber nach neuen Untersuchungen krebserregende Inhaltsstoffe, so daß vom Sammeln dieses auch wegen seiner Seltenheit zu schonenden Pilzes abgeraten wird.

Spitzgebuckelter Rauhkopf – Tödlich giftig!

Spitzgebuckelter Rauhkopf

Spitzgebuckelter Rauhkopf

Die gleichmäßig gelb- bis orangebraunen Farben von Hut, Stiel und Lamellen und der jung vom Hutrand zum Stiel gespannte Schleier sind sichere Kennzeichen zur Unterscheidung von Pfifferling und Hallimasch.

Spitzgebuckelter Rauhkopf

Cortinarius rubellus
Schleierlingsartige
Hut: Jung kegelig, dann ausgebreitet mit einem kräftigen, spitzen Buckel, sattorange bis fuchsigbraun, feinschuppig; bis 6 cm breit.
Lamellen: Sehr breit, dick, entfernt und um den Stiel ausgebuchtet, zimtrostbraun.
Stiel: Auffallend lang, selten etwas keulig, satt orangebraun und von gelblichen, faserigen Flocken überzogen, jung mit einem vom Hutrand zum Stiel gespannten spinnwebenartigen Schleier.

Fleisch: Durchgefärbt orangebraun, mit rettichartigem Geruch.
Vorkommen: Meist gesellig in feuchten Nadelwäldern, bisher nur aus dem Alpengebiet bekannt.
Bestimmungstip: An dem spitzgebuckelten Hut und den kräftig orangebraunen Farben zu erkennen. Enthält das Pilzgift Orellanin (→ Seite 44) und löst schwere Vergiftungen aus.
Ähnliche Arten: Alle gelbbraunen bis orangefarbenen Schleierlinge sollten keinesfalls für Speisezwecke gesammelt werden.

Ziegelroter Rißpilz, Mairißpilz

Inocybe erubescens
Schleierlingsartige
Hut: Jung kegelig oder glockig und hell strohfarben, später mit flachem, einreißendem Rand und kräftigem Buckel, zunehmend haselbraun und stark radial faserig gestreift, am Hutrand langsam rötend; meist bis 6 cm breit.
Lamellen: Jung weiß, dann rosa, alt olivbraun mit flockiger Schneide.
Stiel: Kräftig, jung weiß, dann etwas rötend, längsstreifig, am Grund mitunter

Schleierlingsartige

Ziegelroter Rißpilz – Tödlich giftig!

Seiden-Rißpilz – Giftig

Viele der rund 170 Rißpilz-Arten sind giftig. Die meisten lassen sich nur mit Hilfe eines Mikroskops sicher bestimmen.

Seiden-Rißpilz – Giftig

gerandet knollig; meist aber gleichdick.
Fleisch: Weiß, im Alter langsam rötend, mit angenehmem Geruch.
Vorkommen: Erscheint vorwiegend in Parkanlagen und Gärten, seltener auch in Laubwäldern, im Mai und Juni.
Bestimmungstip: Läuft bei Druck langsam ziegelrot an. Kann mit dem eßbaren **Mai-Ritterling** (→ Seite 88) verwechselt werden, der jedoch nicht ziegelrot anläuft. Enthält das Pilzgift Muskarin (→ Seite 40) und kann tödliche Vergiftungen verursachen.

Rißpilze dürfen grundsätzlich nicht für Speisezwecke verwendet werden!

Seiden-Rißpilz, Erdblättriger Rißpilz
Inocybe geophylla
Schleierlingsartige
Hut: Jung eiförmig, dann kegelig-glockig mit rundlichem Buckel, reinweiß bis blaß strohgelb, gelegentlich auch schön lila; meist 1–3 cm breit.
Lamellen: Jung weiß, bald tongrau, dichtstehend und um den Stiel etwas ausgebuchtet.
Stiel: Reinweiß und an der

Spitze mehlig bereift, am Grund nicht knollig.
Fleisch: Weiß, mit an Hefeteig erinnerndem Geruch.
Vorkommen: In Laub- und Nadelwäldern, vorwiegend an Waldwegen.
Bestimmungstip: Einzige Rißpilzart, deren Hut violett gefärbt sein kann. Enthält in hoher Dosierung das Pilzgift Muskarin (→ Seite 40) und kann zu schweren Vergiftungen führen.
Ähnliche Arten: Es gibt mehrere **weißhütige Rißpilzarten,** die etwas größer sind und sich teilweise bei Berührung rot verfärben.

113

Sprödblättler

Birken-Reizker – Ungenießbar

Fichten-Reizker – Eßbar

Birken-Reizker – Ungenießbar

Fichten-Reizker, angeschnitten

Die Milch des Fichten-Reizkers ist orange-farben und färbt sich nach 10 Minuten über Karminrosa nach Weinrot.

Birken-Reizker
Lactarius torminosus
Sprödblättler
Hut: Jung mit eingerolltem Rand, später trichterig und von kreisförmige Zonen bildenden Zottenhaaren bedeckt; bis über 10 cm breit.
Lamellen: Dichtstehend, am Stiel herablaufend, blaß fleischrötlich.
Stiel: Gleichdick, mit grubigen Vertiefungen, karminrosa.
Fleisch: Weißlich, im Stiel rosa. Milch weiß, sofort brennend scharf.
Vorkommen: Verbreitet, nur unter Birken.

Bestimmungstip: Wächst nur unter Birken. Hut am Rand fransig-zottig, Milchsaft weiß. Verursacht nach herkömmlichen Rezepten zubereitet Verdauungsstörungen; nach Silieren jedoch genießbar.
Ähnliche Arten: Der **Flaumige Moormilchling** (*Lactarius pubescens*) ist durch einen helleren und ungezonten Hut unterschieden.

Fichten-Reizker
Lactarius deterrimus
Sprödblättler
Hut: Anfangs eingerollt, später flach oder trichterig, hell orange- bis fleischrötlich, ge-

legentlich mit kreisförmigen Zonen und grünend, oft ganz grün; 7–10 cm breit.
Lamellen: Dichtstehend, ockerblaß, bei Verletzung dunkelgrün- oder weinrot-fleckend.
Stiel: Gleichdick, wie der Hut gefärbt, meist hohl.
Fleisch: Im Stiel weißlich, sonst gelblich, alt grünend, mit Obstgeruch.
Vorkommen: Häufig in Fichtenwäldern.
Bestimmungstip: Mit weinrot verfärbendem Milchsaft. Geringwertiger Speisepilz.
Ähnliche Arten: Der **Echte Reizker** (*Lactarius delicio-*

Tannen-Reizker – Ungenießbar

Die Stielspitze des Moh-
renkopfes ist runzelig.
Hieran ist der Pilz von allen anderen ähnlich aus-
sehenden Milchlingen si-
cher zu unterscheiden.

Mohrenkopf – Eßbar

sus) wächst unter Kiefern
und unterscheidet sich durch
grünendes, niemals weinrot
verfärbendes Fleisch.

Tannen-Reizker,
Olivbrauner Milchling
Lactarius turpis
Sprödblättler
Hut: Jung flach mit filzigem
Rand, dann flach bis trichterig, feucht schleimig, schmutzig olivschwarz; meist bis
10 cm breit.
Lamellen: Dichtstehend,
strohblaß bis ockerfarben,
alt schmutzigolivfleckend.
Stiel: Kräftig, gleichdick, wie
der Hut gefärbt.

Fleisch: Fest, weiß, leicht
bräunend, etwas scharf.
Milch weiß, brennend scharf.
Vorkommen: Sehr häufig
und nur unter Fichten.
Bestimmungstip: Kommt nur
unter Fichten vor. Schmeckt
unangenehm und ist nicht
genießbar.
Ähnliche Arten: Der **Kahle
Krempling** (→ Seite 85) unterscheidet sich durch holz-
gelbe, weit am Stiel herablaufende Lamellen.

Mohrenkopf
Lactarius ligniotus
Sprödblättler
Hut: Jung eingebogen, im

Alter meist trichterig, dunkel
schwarzbraun, spitz gebuk-
kelt, gegen den Rand stark
runzelig; 3–8 cm breit.
Lamellen: Jung weiß, dann
hell cremefarben.
Stiel: Wie der Hut gefärbt,
auffallend lang.
Fleisch: Weiß, mild, mit
schwach erdartigem Geruch,
Milch weiß, mild.
Vorkommen: Verbreitet in
Bergnadelwäldern.
Bestimmungstip: Wächst in
Nadelwäldern. Mit weißem,
mildem Milchsaft. Kann als
Speisepilz empfohlen wer-
den, behält aber den etwas
erdigen Geschmack.

115

Sprödblättler

Grubiger Milchling – Ungenießbar

Grubiger Milchling, angeschnitten

Die weiße Milch des Grubigen Milchlings wird nach einigen Sekunden schwefelgelb und schmeckt sehr scharf.

Grubiger Milchling

Lactarius scrobiculatus
Sprödblättler
Hut: Jung mit genabelter Mitte, später trichterig, Rand eingerollt und zottig filzig, oberseits schleimig und gegen den Rand in kreisförmig angeordnete Faserschuppen aufgelöst, schmutzig strohgelb bis ocker oder orangebräunlich; sehr groß, mitunter bis 20 cm breit werdend.
Lamellen: Dichtstehend, weißlich, bei Druck schmutzigfuchsig fleckend.
Stiel: Kurz und gedrungen, gleichdick, wie der Hut ge-

färbt und flaumig bereift, mit dunkleren, großen Wassergruben, an der Spitze jung oft mit Wassertropfen.
Fleisch: Gelblichweiß, stark bräunend, mit Obstgeruch. Milch weiß, reichlich, nach etwa 10 Sekunden schwefelgelb verfärbend, brennendscharf.
Vorkommen: Sehr häufig unter Fichten, meist zwischen Nadelstreu auf oberflächlich versauertem Boden, oft noch spät im Jahr erscheinend.
Bestimmungstip: Der Grubige Milchling wächst in Nadelwäldern, meist unter Fichten. Stiel mit dunkleren

Wassergruben. Wegen seiner Schärfe nach herkömmlichen Rezepten zubereitet nicht zu empfehlen, kann aber durch Silieren genießbar gemacht werden und ist in Rußland auf diese Art zubereitet ein beliebter Speisepilz.

Brätling, Milchbrätling

Lactarius volemus
Sprödblättler
Hut: Gewölbt bis flach oder trichterig, niemals gebuckelt, schön hell orangefuchsig bis satt rotbraun-orange, feinsamtig und häufig weißlich bereift; bis über 10 cm breit.
Lamellen: Dicklich, ocker-

Brätling – Eßbar

Brätling – Eßbar

Der Rotbraune Milchling ist silbrig bereift und in der Hutmitte spitz gebuckelt. Er ist wegen seiner scharfen Milch nicht genießbar.

Rotbrauner Milchling

weißlich, brüchig, bei Verletzung stark braunfleckend.
Stiel: Meist gleichdick, kräftig, etwas heller als der Hut und feinbereift, bei Druck fleckend.
Fleisch: Weißlich, stark braunfleckend, im Eintrocknen grauend. Geruch stark fischartig. Milch weiß, sehr reichlich, klebrig und mild.
Vorkommen: Verbreitet auf sauren Böden unter verschiedenen Baumarten, seit einigen Jahren in manchen Gegenden seltener werdend.
Bestimmungstip: Typischer fischartiger Geruch. Der Brätling eignet sich besonders zum Braten und wird in manchen Gegenden hoch geschätzt.
Ähnliche Arten: Ähnlich gefärbte **Milchlinge** mit sehr scharfem Milchsaft lassen sich am Fehlen des fischartigen Geruchs leicht unterscheiden.

Rotbrauner Milchling
Lactarius rufus
Sprödblättler
Hut: Flach bis trichterig und fast immer mit einem spitzen Buckel, rotbraun und mit einer silbrigen Reifschicht überzogen; 3–8 cm breit.
Lamellen: Dichtstehend, blaß, dann rötlichocker.
Stiel: Gleichdick und meist ziemlich lang, längsrinnigrunzelig, blasser als der Hut gefärbt und stets überreift, im Alter hohl werdend.
Fleisch: Schmutzigfleischrötlich, fest, mit Geruch nach harzigem Holz. Milch reichlich, weiß, sehr scharf.
Vorkommen: Häufig in moosigen Nadelwäldern und unter Birken.
Bestimmungstip: Der Rotbraune Milchling ist am dunkel rotbraunen und spitz gebuckelten Hut leicht zu kennen. Wegen der scharfen Milch nicht genießbar.

Blaublättriger Weißtäubling – Ungenießbar

Wollschwamm – Ungenießbar

Blaublättriger Weißtäubling

Blaublättriger Weißtäubling
Russula delica
Sprödblättler
<u>Hut:</u> Schon jung trichterförmig mit eingerolltem Rand, weißlich, bei Druck oder im Alter leder- bis umbrabräunlich fleckig, bald flach oder trichterig und oft die darüberliegende Erdschicht hochhebend, völlig trocken; meist 8–15 cm breit.
<u>Lamellen:</u> Weißlich, mit bläulichem Reflex, ziemlich entfernt und oft an der Schneide mit Tropfen.
<u>Stiel:</u> Oft ziemlich kurz, weiß und mitunter etwas bräu-

nend, sehr hart und fest.
<u>Fleisch:</u> Weiß, mild und recht hart, nur in den Lamellen etwas scharf und mit deutlichem, fischartigem Geruch.
<u>Vorkommen:</u> Ziemlich verbreitet in Laub- und Nadelwäldern.
<u>Bestimmungstip:</u> Das Fehlen eines Milchsaftes und der tranig-fischartige Geruch sind sichere Kennzeichen. Wegen des harten, unangenehm riechenden Fleisches für Speisezwecke nicht verwendbar.
<u>Ähnliche Arten:</u> Der **Wollschwamm** *(Lactarius vellerus)* unterscheidet sich durch

fein wollig-filzige Hutoberseite und die bei frischen Fruchtkörpern austretende, meist milde, aber in Verbindung mit dem Fleisch brennendscharfe Milch.

Ocker-Täubling
Russula ochroleuca
Sprödblättler
<u>Hut:</u> Anfangs halbkugelig, dann flach, im Alter auch etwas trichterig, honiggelb bis olivocker, meist fleckig; bis 10 cm breit.
<u>Lamellen:</u> Jung weiß, dann oft mit schwacher zitronenfarbener Tönung, Schneide alt bräunend.

Ocker-Täubling – Ungenießbar

Der Ocker-Täubling hat schmutzig-stroh- bis ockerbraune Flecken auf seinem honiggelben bis olivockerfarbenen Hut.

Stinktäubling – Ungenießbar

Stinktäubling – Ungenießbar

Stiel: Weiß, alt manchmal grau verfärbend.

Fleisch: Weiß, im Alter mitunter grauend, mit obstartigem Geruch und mildem bis ziemlich scharfem Geschmack.

Vorkommen: Häufigster Täubling in Nadelwäldern, seltener im Laubwald.

Bestimmungstip: Lamellen stets reinweiß. Die Schärfe des Fleisches vergeht beim Kochen, trotzdem ist der Pilz nicht besonders wohlschmeckend.

Ähnliche Arten: Der ungenießbare **Gallen-Täubling** (*Russula fellea*) hat eine mehr orangegelbe Hutfarbe, blaßcremefarbene Lamellen, einen süßlich-obstartigen Geruch und sehr scharfes Fleisch und wächst vorwiegend in Laubwäldern.

Stinktäubling
Russula foetens
Sprödblättler

Hut: Anfangs fast kugelig, dann flach oder trichterförmig und am Rand grob höckerig gerieft, schmutzig honig- bis senfgelb oder ockerbraun, mit dicker, schmieriger Huthaut; über 10 cm breit.

Lamellen: Schmutzigcremefarben, an der Schneide oft mit winzigen Wassertropfen, nicht selten queraderig.

Stiel: Meist ziemlich lang, auf weißem Grund von der Basis her braunflockig.

Fleisch: Weißlich, alt etwas bräunend, Geschmack leicht bitter, dann widerlich süßlich, oft auch stärker brennend. Geruch stets süßlich ölig-stinkend.

Vorkommen: Sehr häufig in Laub- und Nadelwäldern.

Bestimmungstip: Ist an dem breit gerieften und schleimigen Hut leicht zu erkennen und wegen seines widerlichen Geruchs ungenießbar.

119

Frauen-Täubling – Eßbar

Frauen-Täubling - Eßbar

Leder-Täubling – Eßbar

Die Lamellen des Leder-Täublings sind im Alter satt ockergelb und brechen sehr leicht. Leider wird der Pilz häufig von Maden befallen.

Frauen-Täubling, Blautäubling

Russula cyanoxantha
Sprödblättler
Hut: Konvex, im Alter trichterförmig vertieft, wechselfarbig violett oder grün, alt am Scheitel auch ockerfarben, schmierig und feucht glänzend; bis 12 cm breit.
Lamellen: Reinweiß, weich.
Stiel: Reinweiß oder mit etwas lila Hutfarbe, kräftig.
Fleisch: Weiß, etwas brüchig, mild und geruchlos.
Vorkommen: Ab dem Frühsommer in Laub- und Nadelwäldern, überall häufig.
Bestimmungstip: Typisch die

nicht brechenden Lamellen. Guter Speisepilz.
Ähnliche Arten: Eine Reihe ähnlich gefärbter Arten mit zum Teil cremefarbenen bis dottergelb gefärbten Lamellen ist selten.

Leder-Täubling

Russula integra
Sprödblättler
Hut: Konvex bis flach, später trichterig niedergedrückt und grob kammartig gerieft, violettpurpurn oder blutrot, später meist fleischbraun, schmierig und lange glänzend; bis 10 cm breit.
Lamellen: Blaßcremefarben,

dann sattockergelb.
Stiel: Weiß, aderig runzelig.
Fleisch: Weiß, mild, auffallend fest, mit schwachem, obstartigem Geruch.
Vorkommen: Häufig unter Fichten und Kiefern, vor allem in höheren Lagen.
Bestimmungstip: Lamellen cremefarben bis ockergelb, Stiel stets reinweiß. Speisepilz geringer Qualität, ziemlich hartfleischig.
Ähnliche Arten: Unter den **purpur- bis braunhütigen Täublingen** mit creme- bis ockerfarbenen Lamellen gibt es eine Reihe sehr schwer unterscheidbarer Arten.

120

Sprödblättler

Stachelbeer-Täubling, jung

Stachelbeer-Täubling – Ungenießbar

Der Buchen-Speitäubling ist wie alle scharf schmeckenden Täublinge ungenießbar. Er riecht obstartig.

Buchen-Speitäubling – Ungenießbar

Stachelbeer-Täubling
Russula queletii
Sprödblättler
Hut: Jung halbkugelig, dann konvex oder flach, gelegentlich schwach gebuckelt, trüb weinrot purpurn, oft auch oliv gescheckt, am Scheitel häufig sehr dunkel, gelegentlich gelblich verblaßt, vor allem an grasigen und besonnten Standorten auch reingelb; meist um 6 cm breit.
Lamellen: Blaßcremeweiß, bei Druck etwas grünlich anlaufend, dichtstehend.
Stiel: Schmutzigweinrot, meist ziemlich lang, oft etwas bereift.

Fleisch: Sehr scharf, mit süßlichem Geruch nach Stachelbeerkompott.
Vorkommen: Häufig unter Fichten.
Bestimmungstip: Die schmutzigweinroten Farben und der Geruch nach Stachelbeerkompott machen das Erkennen nicht schwer. Wie alle scharf schmeckenden Täublinge ungenießbar.
Ähnliche Arten: Der **Zitronenblättrige Täubling** (*Russula sardonia*) hat gelbe Lamellen, ein weniger brüchiges Fleisch und riecht obstartig.

Buchen-Speitäubling
Russula mairei
Sprödblättler
Hut: Halbkugelig bis konvex, im Alter in der Mitte etwas vertieft, leuchtend zinnoberrot; 4–6 cm breit.
Lamellen: Weiß, ziemlich dichtstehend.
Stiel: Gleichdick, weiß, nie gerötet.
Fleisch: Weiß, sehr scharf, mit Obstgeruch.
Vorkommen: Häufig in Buchenwäldern.
Bestimmungstip: Wächst meist unter Buchen. Sehr scharf und ungenießbar, löst Verdauungsstörungen aus.

Sprödblättler

Mädchen-Täubling – Ungenießbar

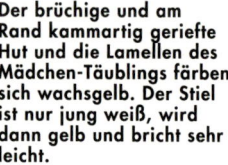

Der brüchige und am Rand kammartig geriefte Hut und die Lamellen des Mädchen-Täublings färben sich wachsgelb. Der Stiel ist nur jung weiß, wird dann gelb und bricht sehr leicht.

Herings-Täubling – Jung eßbar

Der Heringstäubling hat einen wie trockenes Weinlaub gefärbten Hut und ist nur alt schwach gerieft. Der Heringsgeruch ist erst an älteren Fruchtkörpern deutlich wahrnehmbar.

Mädchen-Täubling, Milder Wachstäubling
Russula puellaris
Sprödblättler
Hut: Bald flach, fleischviolett bis purpurn mit oft schwarzer Mitte; ziemlich klein, meist nur 3–5 cm breit.
Lamellen: Cremefarben, sehr weich und brüchig.
Stiel: Ziemlich lang und in der Mitte oft etwas angeschwollen.
Fleisch: Weißlich, bald gelb, frisch etwas obstartig, dann fischartig riechend.
Vorkommen: Vorwiegend unter Nadelbäumen.

Bestimmungstip: Am Gilben des brüchigen Fleisches gut zu erkennnen. Für Speisezwecke nicht verwendbar.

Heringstäubling
Russula xerampelina
Sprödblättler
Hut: Mittelgroß, anfangs konvex, dann flach, leuchtendpurpurrot, bald trocken und glanzlos; meist 5–12 cm breit.
Lamellen: Ocker- bis buttergelb, brüchig, bei Druck braunfleckend.
Stiel: Stets stark purpurrot überhaucht, bei Druck braunfleckend.

Fleisch: Weiß, im Schnitt braun anlaufend, mild, mit Heringsgeruch.
Vorkommen: In Nadelwäldern, überall häufig.
Bestimmungstip: Wegen des Heringsgeruchs unverwechselbar. Allenfalls ganz junge Fruchtkörper können für Speisezwecke empfohlen werden.
Ähnliche Arten: Es gibt noch einige **purpurrotgefärbte Täublinge** mit ebenso getönten Stielen, die durchwegs überaus scharf und ungenießbar sind.

Sprödblättler

Speise-Täubling, alt

Speise-Täubling, jung – Eßbar

Speise-Täubling, Hutrand

Dickblättriger Schwärztäubling – Ungenießbar

Speise-Täubling

Russula vesca
Sprödblättler
Hut: Halbkugelig, später flach und in der Mitte meist vertieft, hell- bis dunkelfleischlila mit grauen oder gelblichen Flecken, feucht schmierig; bis 10 cm breit.
Lamellen: Weißlich-blaß, oft mit Rostflecken, am Hut überstehend.
Stiel: Weiß, rostbraun- oder cremegelblichfleckend.
Fleisch: Weiß, fest, oft rostfleckig, mild und geruchlos.
Vorkommen: Häufig ab dem Frühsommer im Laub- und Nadelwald.

Bestimmungstip: Hut fleischlila mit weißem Saum am Rand, Lamellen weiß, im Alter rostfleckig. Wohlschmeckender Speisepilz.

Dickblättriger Schwärztäubling

Russula nigricans
Sprödblättler
Hut: Flach oder trichterig, graubraun oder schwärzlich, matt, sehr hart; bis 15 cm breit.
Lamellen: Sehr weit entfernt und dicklich, brüchig, blaßstrohfarben, bald an der Schneide schwärzend.
Stiel: Kurz und dick, jung reinweiß, bei Berührung fleckend, alt schwärzend.
Fleisch: Sehr fest und hart, im Anschnitt erst weinrot anlaufend und dann schwärzend, geruchlos und mild.
Vorkommen: Sehr häufig in Nadel- und Mischwäldern.
Bestimmungstip: Fleisch rot anlaufend und später schwarzwerdend. Wegen des unangenehm schmeckenden Fleisches ungenießbar.
Ähnliche Arten: Mehrere **grau- bis schwarzhütige Täublinge** mit dichterstehenden Lamellen sind ähnlich. Grauhütige Täublinge sind keine Speisepilze.

123

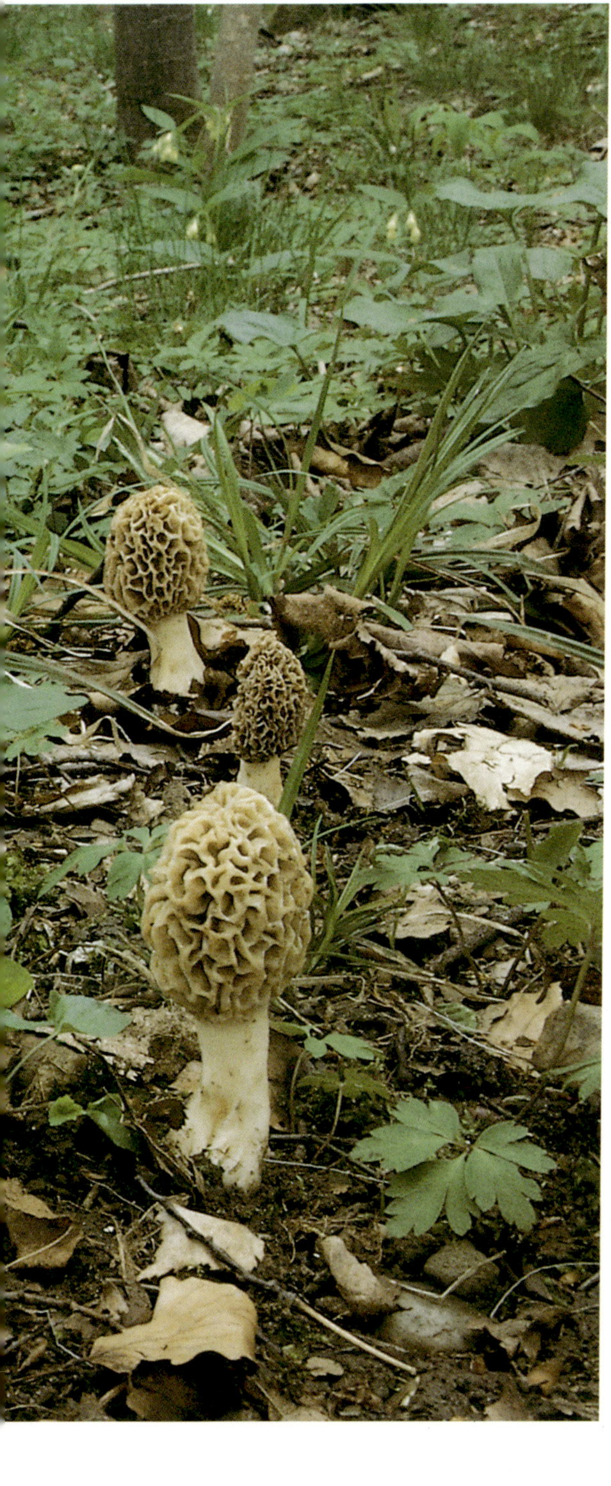

Kennfarbe Rot

Sonstige Pilze

Außer den Hutpilzen gibt es eine Vielzahl von Pilzarten, deren Fruchtkörper unterschiedlichste Formen zeigen. Die wichtigeren Arten aus den Gruppen der Leistlinge, Stachelpilze, Bauchpilze, Korallenpilze und einige konsolenförmig und stiellos an Holz wachsende Baumschwämme sind mit den zur Klasse der Schlauchpilze zählenden Morcheln und Becherlingen in dieser Gruppe zusammengefaßt.

Morcheln im Auwald: Frühjahrstraum des Pilzsammlers.
Schon im 16. Jahrhundert war diese Delikatesse hochbegehrt.

Trompeten-Pfifferling – Eßbar

Trompeten-Pfifferling – Eßbar

Pfifferling – Eßbar

Pfifferling, Hutunterseite

Die Fruchtschicht des Pfifferlings besteht aus gabelig verzweigten Leisten.

Pfifferling, Reherl, Eierschwamm

Cantharellus cibarius
Leistlinge
Hut: Jung konvex, dann trichterförmig mit anfangs eingerolltem, dann flatterig verbogenem und hochgeschlagenem Rand, leuchtenddottergelb; meist 2–4, selten bis 10 cm breit.
Lamellen (Leisten): Stumpf und sehr schmal, wiederholt gabelig verzweigt und weit am Stiel herablaufend.
Stiel: Nach oben erweitert, in den Hut übergehend und wie dieser gefärbt, am Grund weiß und spitz zulaufend.

Fleisch: Weiß, mit angenehmem Geruch, roh pfefferartig scharf schmeckend.
Vorkommen: In Nadelwäldern allgemein verbreitet, in Laubwäldern in einer größeren und blasseren Form auftretend; in den Alpen oft am Hut violettlich überlaufen.
Bestimmungstip: Wächst vorwiegend in sauren Nadelwäldern. Hochgeschätzter und wohlschmeckender, aber schwer verdaulicher Speisepilz. Der in den letzten Jahren in etlichen Gegenden zu beobachtende Rückgang könnte auch auf Schadstoffeinträge aus der Luft

zurückzuführen sein.
Ähnliche Arten: Der eßbare **Trompeten-Pfifferling** *(Cantharellus tubaeformis)* unterscheidet sich durch grau- bis gelbbraunen Hut, weiß- oder gelbgraue Leisten und häufig gelbbraunen Stiel. Er wächst in moosigen Nadelwäldern.

Habichtpilz, Hirschling

Sarcodon imbricatus
Stachelpilze
Hut: Jung flach, im Alter unregelmäßig verbogen, dickfleischig, graubraun bis rötlichgrau, mit groben, alt schwärzenden Schuppen be-

Stachelpilze

Habichtspilz – Eßbar

Habichtspilz – Eßbar

Semmel-Stoppelpilz, Hutunterseite

Semmel-Stoppelpilz – Eßbar

deckt; bis über 10 cm breit.
Stacheln: Zugespitzt, weiß-grau, alt etwas fleckend.
Stiel: Kurz, weißgrau, korkig zäh und recht fest.
Fleisch: Hellkorkbraun, mit würzig- scharfem Geruch und Geschmack.
Vorkommen: Vorwiegend in Nadel-, seltener auch in Laubwäldern und meist Reihen und Kreise bildend.
Bestimmungstip: Wächst in Nadelwäldern. Hut mit kreisförmig angeordneten, groben, dunkel gefärbten Schuppen bedeckt. Wegen seiner Schärfe als Frischpilz kaum genießbar, ergibt jedoch ge-

trocknet und fein zerrieben ein sehr gutes Würzpulver.
Ähnliche Arten: Verwandte und durchwegs ungenießbare **Stachelpilze** unterscheiden sich durch einen nur wenig schuppigen oder glatten Hut.

Semmel-Stoppelpilz, Semmelpilz
Hydnum repandum
Stachelpilze
Hut: Unregelmäßig höckerig, hell semmelfarben bis orangerötlich; bis 10 cm breit.
Stacheln: Cremeweiß, bis 5 mm lang und zugespitzt,

am Stiel herablaufend.
Stiel: Cremeweiß, matt und glatt, meist unregelmäßig und seitlich ansitzend.
Fleisch: Weißlich, ziemlich fest, geruchlos und mild.
Vorkommen: Scharenweise in Laub- und Nadelwäldern, überall ziemlich häufig.
Bestimmungtip: Der Semmel-Stoppelpilz kann mit keinem anderen Speise- oder Giftpilz verwechselt werden, wenn man auf die Farbe und die Stacheln auf der Hutunterseite achtet. Jung ein wohlschmeckender Speisepilz, alt aber häufig bitter werdend.

Schweinsohren/Korallenpilze

Schweinsohr – Eßbar

Schweinsohren wachsen mitunter dicht büschelig und haben eine violettgraue Fruchtschicht.

Herkules-Keule – Eßbar

Schweinsohr

Gomphus clavatus
Schweinsohren
Fruchtkörper: Jung kreiselförmig, bald mit ausgezogenem, in den Stiel übergehendem Hut, blaßlila bis ockeroliv, auf der Außenseite mit gegabelten, fleischlila Leisten.
Fleisch: Weiß, mit mildem Geschmack, geruchlos.
Vorkommen: In Bergnadelwäldern ziemlich häufig und mitunter dicht bestandene Reihen und Kreise bildend, in tieferen Lagen sehr selten.
Bestimmungstip: Wächst vorwiegend in Bergnadelwäldern. Ergiebiger, wohlschmeckender Speisepilz. Sollte wegen seiner Seltenheit nicht gesammelt werden.

Herkules-Keule

Clavariadelphus pistillaris
Korallenpilze
Fruchtkörper: Keulenförmig, nach oben abgerundet und schmutzigocker- bis lilagrau; bis 15 cm hoch.
Fleisch: Weiß, geruchlos und meist ziemlich bitter.
Vorkommen: Scharenweise in Buchenwäldern zwischen Laub, leicht zu übersehen.
Bestimmungstip: Wächst meist unter Buchen. Eßbar, schmeckt aber oft bitter.
Ähnliche Arten: Die Gestutzte Keule *(Clavariadelphus truncatus)* wächst in Gebirgswäldern, meist unter Weißtannen, seltener auch im Laubwald und ist an dem oben flach abgestutzen Hutteil zu erkennen. Sie ist mild und wohlschmeckend.

Krause Glucke

Sparassis crispa
Gluckenartige (Korallenpilze)
Fruchtkörper: Blaßcreme- bis hellockerfarben, aus ei-

Gluckenartige/Korallenpilze

Tannen-Glucke – Eßbar

Krause Glucke – Eßbar

Goldgelbe Koralle

Die Goldgelbe Koralle hat mehrere, teilweise giftige Doppelgänger und sollte besser nicht gesammelt werden!

nem dicken Strunk entspringend, der sich mehrfach teilt und in breite und verflachte Lappen ausläuft, dadurch dem Pilz ein blumenkohlartiges Aussehen verleihend; mitunter über 30 cm Breite erreichend.
Fleisch: Cremeweiß und ziemlich fest, mit angenehmem, würzigem Geruch.
Vorkommen: In Kiefernwäldern, oft den Wurzeln alter Bäume aufsitzend.
Bestimmungstip: Wächst nur in Kieferwäldern am Grund alter Kiefern.
Ergiebiger und jung wohl-

schmeckender Speisepilz.
Ähnliche Arten: Die eßbare **Tannen-Glucke** *(Sparassis brevipes)* unter Weißtannen und Eichen ist etwas blasser gefärbt und besitzt dünnere Endlappen.

Goldgelbe Koralle, Ziegenbart
Ramaria largentii
Korallenpilze
Fruchtkörper: Korallenartig verzweigt mit an der Spitze oft gegabelten, orangefarbenen bis gelben, einem helleren Strunk entspringenden Ästen, im Alter meist verblassend; bis 15 cm breit

und ebenso hoch werdend.
Fleisch: Im Strunk weiß, sonst gelblich, mild und geruchlos, alt zäh werdend.
Vorkommen: In Gebirgsnadelwäldern zwischen Moos, ähnliche Arten auch in Laubwäldern des Flachlandes.
Bestimmungstip: Es gibt viele gelb- bis orangegefärbte **Korallenpilze,** die kaum voneinander unterschieden werden können und wissenschaftlich noch nicht geklärt sind. Da sich hierunter auch giftige Arten befinden, wird vom Verzehr aller Korallenpilze abgeraten!

Porlinge

Echter Zunderschwamm – Ungenießbar

Echter Zunderschwamm, angeschnitten

Wurzelschwamm – Ungenießbar

Echter Zunderschwamm, Poren

Echter Zunderschwamm
Fomes fomentarius
Porlinge
Fruchtkörper: Huf- bis konsolenförmig, Oberseite grau, oft gezont, matt und sehr hartfleischig, mehrjährig; mitunter bis über 30 cm breit.
Poren: Englöcherig, dunkel rotbraun, an den Mündungen weißlich gesäumt und mehrschichtig.
Fleisch: Im Hutkern sehr leicht, gelbbraun und watteartig-faserig verwoben.
Vorkommen: Häufig an Laubhölzern, meist an abgestorbenen Buchenstämmen.
Bestimmungstip: Der Pilz befällt häufig altersschwache Rotbuchen und bringt sie zum Absterben. Das faserige Gewebe unter der Hutkruste brennt leicht und wurde früher als echter Zunder zum Feuermachen verwendet.
Ähnliche Arten: Mehrere **Porlingsarten** bilden zum Teil sehr große, harte und jahrelang ausdauernde Fruchtkörper.

Wurzelschwamm
Heterobasidion annosum
Porlinge
Fruchtkörper: Stiellos, unregelmäßig einseitig, sehr hart und mehrjährig, in oft übereinanderstehenden Reihen, Oberseite von einer jung rotbraunen, dann graubraunen bis schwarzen, höckerigen Kruste bedeckt, frische Randkanten weiß.
Poren: Weiß, englöcherig, am Holz herablaufend.
Fleisch: Weiß, frisch mit starkem säuerlichem Geruch, zäh und fest, sehr hart.
Vorkommen: An Stümpfen oder liegenden Stammstücken von Fichten.
Bestimmungstip: Wächst an Nadelholz. Poren weiß bis gelblich. Der Wurzelschwamm ist in Fichtenforsten ein gefürchteter Parasit.

Judasohr – Eßbar

Schmetterlings-Tramete – Ungenießbar

Das gallertartig aufquellende Fleisch des Judasohrs ist völlig geschmacklos und nimmt beim Aufsaugen von Flüssigkeit deren Geschmack an. Der Pilz wird seit alters her in der ostasiatischen Küche verwendet und ist bei uns unter dem Namen „Chinesische Morchel" im Handel.

Schmetterlings-Tramete – Ungenießbar

Judasohr
Hirneola auricula-judae
Ohrlappenpilze
Fruchtkörper: Jung schüsselförmig, bald einseitig ohrförmig oder lappig mit dunkel grau- bis purpurschwarzer Fruchtschicht und grauer, feinkörniger oder samtiger Außenseite; bis 10 cm breit. Fruchtfleisch gallertig, bis 2 mm dick, beim Eintrocknen sehr dünn und hart werdend, feucht wieder auflebend.
Vorkommen: Vorwiegend an Holunder, aber auch an anderen Laubhölzern, vor allem an Ahorn und Ulmen. Die Pilze erscheinen das ganze Jahr, meist an entrindeten, abgestorbenen Stammstücken, vorwiegend in der kalten Jahreszeit und nach Regenperioden.
Bestimmungstip: Vorwiegend an Holunderholz.

Schmetterlings-Tramete
Trametes versicolor
Porlinge
Hut: Stiellos, unregelmäßig halbkreisförmig, flach und dünnfleischig, wechselfarbig bunt, weiß, gelb, braun oder schwärzlich, immer mit seidig glänzenden, feinsamtigen Zonen; bis 8 cm breit.
Poren: Weiß, englöcherig.
Fleisch: Unter der Hutoberfläche reinweiß, lederig-zäh und biegsam.
Vorkommen: Das ganze Jahr über vorwiegend an Laubhölzern, selten an Nadelholz.
Bestimmungstip: Einer der häufigsten Porlinge, an den bunten und seidig glänzenden Zonen auf der Oberseite leicht zu erkennen.
Wie alle holzbewohnenden Porlinge ungenießbar, aber nicht giftig.
Ähnliche Arten: Die **Behaarte Tramete** (*Trametes hirsuta*) ist größer, dickfleischiger und oberseits grob haarig-filzig gezont.

131

Tintenfischpilze/Stinkmorcheln

Tintenfischpilz – Ungenießbar

Stinkmorchel – Ungenießbar

Tintenfischpilz – Ungenießbar

Tintenfischpilz
Clathrus archeri
Tintenfischpilze
Fruchtkörper: Anfangs kugelig, Kern von einer gallertigen Schicht und einer dünnen, hellgrauen Außenhaut umgeben, dann aufbrechend und 3–5 leuchtendrote „Fangarme" entwickelnd, deren Innenseite mit einer stinkenden, olivbraunen Sporenmasse bedeckt ist.
Vorkommen: In Laub- und Nadelwäldern, ziemlich verbreitet, häufiger werdend.
Bestimmungstip: Unverwechselbar, einem Tintenfisch ähnelnd.

Stinkmorchel
Phallus impudicus
Stinkmorcheln
Fruchtkörper: Jung kugelig und aus einem hartfleischigen Kern bestehend, der von einer gallertigen Schicht und einer grauen Außenhaut umgeben ist, dann einen bis 20 cm hohen, weißen und fein netzig-runzeligen Schaft entwickelnd.
Hut: Kegelig bis glockig, weißgekammert und von einer grünlichen Sporenschicht überzogen, deren stark stinkender Geruch Aasfliegen anlockt, die die Sporenschicht abfressen und auf

diese Weise zur Verbreitung beitragen.
Fleisch: Weiß, jung sehr hart und fest, bald brüchig werdend.
Vorkommen: Ab Sommer häufig in Laub- und Nadelwäldern; der Geruch ist oft schon von weitem wahrnehmbar.
Bestimmungstip: Jung eiförmig und von einer dicken gallertigen Schicht umgeben. Im Alter unverkennbarer Geruch! Die Stinkmorchel gehört zu den Bauchpilzen, mit den echten Morcheln ist sie in keiner Weise verwandt. Nur junge Fruchtkör-

Rötender Erdstern – Ungenießbar

Rötender Erdstern – Ungenießbar

Fransen-Erdstern – Ungenießbar

per werden als „Hexeneier" nach Entfernen der gallertigen Außenschicht gebraten verzehrt, sind aber nicht besonders wohlschmeckend.

Rötender Erdstern
Geastrum rufescens
Erdsterne
Fruchtkörper: Anfangs kugelig und halb unterirdisch, Außenschicht nach außen umrollend und dabei sternförmig einreißend, zuletzt flach und bis 10 cm breit, hell rötlichgrau, im Alter langsam rötend. Innenschicht kugelig, hellgrau, stiellos der Außenschicht

aufsitzend, sich bei der Sporenreife an der Spitze öffnend.
Vorkommen: In Laub- und Nadelwäldern, ziemlich verbreitet.
Bestimmungstip: Dieser größte unserer Erdsterne ist an der dickfleischigen und langsam rötenden Außenschicht leicht zu erkennen.

Fransen-Erdstern
Geastrum fimbriatum
Erdsterne
Fruchtkörper: Weißgrau, Außenschicht anfangs kugelig und bei der Reife den unterirdischen Fruchtkörper

aus den Boden hebend, dabei sternförmig aufreißend, Innenschicht kugelig und sich an einer gestreiften Pore öffnend, aus der bei der Reife der Sporenstaub austritt.
Vorkommen: Gesellig in Fichtenwäldern, nicht selten.
Bestimmungstip: Alle Erdsterne sind unverwechselbar. Sie sind ungenießbar, aber nicht giftig.
Ähnliche Arten: Der **Rötende Erdstern** ist größer und besitzt eine weiche und frisch bis 5 cm dicke, langsam rötende Außenschicht.

Stäublinge/Kartoffelboviste

Flaschen-Stäubling, alt – Eßbar

Flaschen-Stäubling – Eßbar

Gemeiner Kartoffelbovist – Giftig

Der Kartoffelbovist wird sehr schwer. Er gleicht in Farbe, Form und Gewicht einer rohen Kartoffel.

Flaschen-Stäubling
Lycoperdon perlatum
Stäublinge
Fruchtkörper: Verkehrt flaschenförmig mit kugeligem Oberteil und einem schlankeren Stielteil, bis 5 cm hoch und über 3 cm breit. Jung weiß und fein warzigflockig, später graubraun und sich an der Spitze öffnend, wobei das olivbraune Sporenpulver austritt.
Fleisch: Jung weiß und weich mit retticharrigem Geruch, Kopfteil bald oliv werdend und zu Staub zerfallend.
Vorkommen: Ab Sommer häufig in Nadelwäldern zwischen der Nadelstreu.
Bestimmungstip: Flaschenförmig, mit groben, abwischbaren Warzen besetzt. Im Jugendstadium wie alle innen reinweißen Stäublinge eßbar. Vorsicht: Junge Fliegenpilze sehen ähnlich aus, man erkennt aber beim Durchschneiden die Lamellen und die orangerote Linie der Huthaut!
Ähnliche Arten: Der **Birnenstäubling** (*Lycoperdon pyriforme*) hat eine feinkörnige und häufig schon jung bräunliche Außenseite und wächst an Stümpfen. Er ist wenig schmackhaft.

Gemeiner Kartoffelbovist
Scleroderma citrinum
Kartoffelboviste
Fruchtkörper: Unregelmäßig rundlich-knollig, Außenseite gelblichocker und grob felderig-warzig, unter der dicken Schale purpurgrau, dann schwarzwerdend.
Vorkommen: In Nadelwäldern und Mooren häufig.
Bestimmungstip: An der dicken, im Schnitt weißen Schale mit dem grauschwarzen Inhalt leicht zu kennen. Verursacht bei Genuß schwere Magen- Darmbeschwerden.

134

Becherlinge

Orange-Becherling

Orange-Becherling – Ungenießbar

Der Kronen-Becherling gehört zu den größten heimischen Becherlingsarten und wächst im Frühjahr in Bergmischwäldern.

Kronen-Becherling – Giftig

Ähnliche Arten: Der **Dünnschalige Kartoffelbovist** *(Scleroderma verrucosum)* besitzt am Grund ein auffallendes, gelbliches, wurzelartiges Geflecht und geringeres Gewicht und ist ebenfalls nicht genießbar.

Orange-Becherling
Aleuria aurantia
Becherlinge
Fruchtkörper: Jung schüsselförmig, bald unregelmäßig ausgebreitet, ungestielt, Innenseite leuchtend orangerot, Außenseite rosa bis orangefarben; meist 1–3, selten bis 10 cm breit.

Vorkommen: Meist in büschelig verwachsenen Kolonien auf nacktem Humus oder Schotter, auf frisch gekiesten Forststraßen mitunter in großer Menge.
Bestimmungstip: Einer unserer schönsten Becherlinge, an der leuchtenden Orangefarbe leicht zu erkennen.

Kronen-Becherling
Sarcosphaera crassa
Becherlinge
Fruchtkörper: Anfangs unterirdisch, eine hohle Kugel bildend, dann sternförmig aufreißend; bis über 15 cm breit. Außenseite weißgrau,

Innenseite glatt, schmutziggraugelb bis violettlich.
Fleisch: Weich, weißlich, geruchlos und mild.
Vorkommen: Von Mai bis Juli in Bergmischwäldern.
Bestimmungstip: Der größte aller einheimischen Becherpilze ist an den großen, sich sternförmig ausbreitenden Fruchtkörpern leicht zu erkennen. Löst bei Genuß Magen-Darmbeschwerden aus.
Ähnliche Arten: Zahlreiche, oft sehr **lebhaft gefärbte Becherlinge** sind viel kleiner und für Speisezwecke nicht zu empfehlen.

135

Frühlorchel – Tödlich giftig

Frühlorchel
Gyromitra esculenta
Lorchelartige
Hut: Unregelmäßig hirnar-
tig-lappig gewunden, dun-
kelocker- bis rotbraun; bis
über 8 cm breit werdend.
Stiel: Meist stark verbogen,
längsfaltig und flachge-
drückt, weißgrau, innen
hohl.
Fleisch: Ziemlich fest mit angenehmem Geruch.
Vorkommen: Im April und
Mai in Kiefernwäldern auf
sandigen Böden.
Bestimmungstip: Wächst nur
in Kieferwäldern. Auffallend
lappig bis hirnartig gewun-

den. Wird in älteren Pilzbüchern als Speisepilz angegeben, ist aber lebensgefähr-
lich giftig und sollte auch
nach Abkochen keinesfalls
verzehrt werden. Der Giftstoff, das Gyromitrin, (→
Seite 40) verflüchtigt sich, ist
aber kochbeständig und besitzt eine unter Umständen
tödliche, mit einer Knollenblätterpilzvergiftung ver-
gleichbare Wirkung.
Ähnliche Arten: Die **Riesen-
lorchel** (*Maublancomyces gi-
gas*) wird noch größer und
wächst vor allem in Bergfich-
tenwäldern. Sie ist schwer
von der Frühlorchel zu un-

terscheiden und sollte vorsichtshalber nicht für Speisezwecke gesammelt werden.

Speisemorchel
Morchella esculenta
Morchelartige
Hut: Länglich-eiförmig oder
rundlich, durch unregelmäßig verlaufende, stumpfe
Rippen gekammert, blaß-
ockergelb oder hell honigfar-
ben, seltener graubraun; bis
6 cm breit und ebenso hoch.
Stiel: Weiß oder ockerlich,
oft verbogen, längsfaltig
oder gefurcht, auf der Oberfläche meist fein flockig, innen hohl.

136

Speisemorchel – Eßbar

Speisemorchel – Eßbar

Spitzmorchel – Eßbar

Spitzmorchel – Eßbar

Fleisch: Weiß, geruchlos, mit mildem Geschmack.

Vorkommen: Vom März bis Mai auf feuchten und humusreichen Böden, vor allem in Fluß- und Bachauen, auch in Gärten und Parkanlagen und oft zwischen Kräutern versteckt.

Bestimmungstip: An den unregelmäßig verlaufenden Rippen auf dem hellocker gefärbten Hut leicht zu erkennen. Wohlschmeckender und hochgeschätzter Speisepilz, der sich auch bestens gut zum Trocknen eignet.

Ähnliche Arten: Die giftige **Frühlorchel** unterscheidet sich durch einen hirnartig gefalteten, aber nicht gekammerten Hut.

Spitzmorchel
Morchella conica
Morchelartige

Hut: Meist kegelig mit abgerundeter Spitze, seltener auch eiförmig, dunkelkastanien- bis graubraun oder fast schwarz und durch senkrecht verlaufende, quer miteinander verbundene Rippen in kammerartige Vertiefungen geteilt; meist bis 4 cm breit und 6 cm hoch.

Stiel: Weißlich bis ockerfarben oder grau, oft unregelmäßig zusammengedrückt und fein flockig-schuppig, mit dem Hutansatz verwachsen, innen hohl.

Fleisch: Weißlich, ziemlich fest, geruchlos und mild.

Vorkommen: Von April bis Juni in Laub- und Nadelwäldern, vor allem entlang der Forststraßen und in der Umgebung von Rindenhaufen.

Bestimmungstip: An den fast immer senkrecht durchlaufenden Hutrippen und der dunklen Färbung ist die Spitzmorchel leicht zu erkennen.

Wohlschmeckender Speisepilz.

Eine große Kolonie des Stockschwämmchens auf einem dicht bemoosten Buchenstumpf.

Pilze sammeln

Pilze sind geheimnisvolle Schöpfungen der Natur. Nach ergiebigen Regenfällen schießen sie buchstäblich über Nacht aus dem Boden. Baumstümpfe schmücken sich innerhalb kurzer Zeit mit unzähligen, an zarten Stielen aufgespannten Hütchen. Sie sind die für die Fortpflanzung und Verbreitung der Art unerläßlichen Fruchtkörper einer für uns unsichtbar im Boden oder Holz lebenden Pilzpflanze. Eßbar und wohlschmeckend, aber auch heimtückisch und todbringend, faszinieren sie uns Menschen seit Jahrtausenden. Unvorsichtigkeit und Gutgläubigkeit beim Pilzesammeln sind nicht selten lebensbedrohend. Auch das Stockschwämmchen hat einen tödlich giftigen Doppelgänger.

Pilze richtig sammeln

In den letzten Jahren sind in manchen Gegenden viele Pilze seltener geworden oder völlig ausgeblieben. Wie bei den Tieren und Blütenpflanzen macht das vom Menschen verursachte Artensterben auch vor den Pilzen nicht halt. Die von der modernen Landbewirtschaftung, aber auch durch Straßen- und Siedlungsbau verursachten Eingriffe in die Natur, sowie die Belastung der Luft mit Schadstoffen haben dazu geführt, daß in Deutschland bereits rund ein Drittel aller bekannten Pilzarten auf der Roten Liste gefährdeter Arten steht. In einigen Ländern, so in der Schweiz, Südtirol und Teilen Österreichs, wurden Vorschriften zum Schutz der Pilze erlassen, die ausschließlich das Sammeln von Speisepilzen betreffen. Diese Sammelverbote können zwar Störungen der Tier- und Pflanzenwelt in den Wäldern durch die Pilzsammler eindämmen, den bedrohten Pilzen helfen sie aber wenig. Wissenschaftliche Untersuchungen haben inzwischen bestätigt, daß das Absammeln von Fruchtkörpern dem Pilzgeflecht nicht schadet und auf das Wachstum und die Fruchtkörperbildung keinerlei Einfluß ausübt.

Ursachen für das Verschwinden der Pilze

Die wahren Ursachen für das Verschwinden der Pilze sind im wesentlichen die gleichen, die auch die Artenvielfalt unserer Blütenpflanzen dezimiert haben, und zwar in erster Linie Eingriffe in die natürliche Lebensbedingungen.

• Zerstörung natürlicher und naturnaher Lebensgemeinschaften wie Heiden, Moore, Auwälder.
• Entfernen von kranken und altersschwachen Bäumen sowie von abgestorbenem Holz.
• Veränderung der Bodenstruktur durch Walddüngung, Schadstoffeinträge und sauren Regen.
• Anpflanzung ausländischer und standortfremder Baumarten anstelle naturnaher Laub- und Mischwälder.
• Unnatürliche Altersstruktur, Kahlschläge und gegenüber der natürlichen Lebenserwartung der Bäume zu kurze Umtriebszeiten im Wirtschaftswald.
• Zerstörung der oberen Bodenschichten durch Einsatz schwerer Maschinen beim Holzeinschlag.

Pilze schützen

Auch wenn Sie als Speisepilzsammler wenig für den Schutz und die Erhaltung seltener Pilzarten beitragen können, sollten Sie trotzdem bedenken, daß auch Sie zwangsläufig zu einem Störer im Naturhaushalt werden. Halten Sie diese Beeinträchtigung gering, indem Sie für Ihre Wanderungen vorwiegend ohnehin naturferne und meist auch speisepilzreichere Wirtschaftswälder aufsuchen. Meiden Sie naturnahe Waldbestände, Reservate und Naturschutzgebiete. Betreten Sie kein Unterholz, in dem Wildtiere Schutz suchen und zerstören Sie vor allem niemals mutwillig Ihnen unbekannte Pilzfruchtkörper.

Zum Bild rechts: Die mehrjährigen und sehr harten, konsolenförmigen Fruchtkörper der holzabbauenden Porlinge erscheinen oft an noch stehenden Stämmen. Ist das Holz schon stark zersetzt, stürzt der Stamm. Im rechten Winkel zu dem nun senkrecht stehenden Pilz wird eine neue, waagrecht stehende Fruchtschicht gebildet. Auf diese Weise entstehen kuriose Fruchtkörperformen.

Pilze sammeln

Die oft vertretene Meinung, durch das Absammeln der Fruchtkörper würde die Sporenbildung und damit die Austreibung der Arten vermindert, scheint in der Natur keine entscheidende Rolle zu spielen. Pilzsporen werden in so ungeheurer Zahl produziert, daß ohnehin nur die allerwenigstens tatsächlich zu einer Keimung kommen. Zudem ist das Geflecht der meisten Speispilze ausgesprochen langlebig. Es kann über Jahrzehnte, mitunter sogar über Jahrhunderte hinweg Fruchtkörper erzeugen.

Pilze sammeln

Eine Pirsch auf Speisepilze wird zum ungetrübten Naturerlebnis, wenn Sie sich die Grundregeln für richtiges Sammeln zu Herzen nehmen. Schon mancher Pilzfreund wurde bitter enttäuscht, wenn sich die im Übereifer zusammengeraffte Ausbeute als madig, faul und völlig ungenießbar erwies. Sammeln Sie deshalb in Ruhe, durchstreifen Sie Ihr Revier bedächtig und achten Sie auf die umgebenden Baumarten, die Ihnen für das Auffinden der dazugehörigen Begleitpilze hilfreich sein können. Als Sammelbehältnis für Speisepilze verwenden Sie einen geflochtenen, luftdurchlässigen Korb, am besten mit einem lose aufliegenden Deckel. Entfernen Sie Plastikeinlagen und verwenden Sie niemals Plastiktüten, in denen die Pilze rasch verderben! Drehen Sie die Pilze vorsichtig heraus oder schneiden Sie diese knapp über dem Grund ab. Allzu junge und sehr alte, überständige Fruchtkörper lassen Sie stehen. Durch einen Druck auf den Stiel können Sie sich überzeugen, ob das Fleisch noch fest ist; gibt es nach, ist der Pilz höchstwahrscheinlich von Maden befallen. Vergewissern Sie sich in jedem Fall, daß Sie den Pilz ganz sicher erkannt und keine wichtigen Merkmale übersehen haben. Die Scheide am Grund eines Knollenblätterpilzes kann tief im Boden versteckt sein! Drücken Sie das im Boden entstehende Loch sorgfältig zu. Reinigen Sie die Pilze an

Zehn wichtige Regeln für das Pilzesammeln

- Sammeln Sie Pilze nur in einem luftdurchlässigen, geflochtenen Korb.
- Verwenden Sie nur Pilze, die Sie einwandfrei als eßbare Arten erkannt haben.
- Sammeln Sie nur Pilze, die Sie wirklich verwenden können.
- Lassen Sie alte, überständige und ganz junge Fruchtkörper stehen.
- Reißen Sie nie die Bodendecke auf und durchwühlen Sie keine Moospolster.
- Zerstören Sie unbekannte Pilze niemals, auch nicht, wenn Sie diese für giftig halten.
- Sammeln Sie niemals Pilze in Naturwaldreservaten und Flächen, deren Betreten aus Gründen des Naturschutzes verboten ist.
- Nutzen Sie Gelegenheiten, sich von anerkannten Experten beraten zu lassen.
- Suchen Sie möglichst oft eine Pilzberatungsstelle auf, um Ihre Bestimmungsergebnisse nachprüfen zu lassen; mißbrauchen Sie diese aber nicht, um wahllos zusammengeraffte Pilze sortieren zu lassen.
- Verzehren Sie nur Pilze, die Sie selbst gesammelt und als eßbar erkannt haben. Lassen Sie sich nie zu Pilzmahlzeiten einladen, die andere gesammelt haben.

Zehn Regeln für den Pilzfreund

Angeschnittener Fichten-Reizker, bei dem Milchsaft austritt.

Ort und Stelle, überzeugen Sie sich gegebenenfalls durch einen Längsschnitt, daß sie madenfrei sind. Pilze, die Sie nicht sicher kennen und zu Hause nachbestimmen möchten, bewahren Sie getrennt von Ihren Speisepilzen am besten in einer Dose auf. Sie sollten diese Pilze möglichst wenig berühren und vollständig aus dem Boden heben.
Falls Sie die spätere Pilzbestimmung besonders gewissenhaft vorbereiten möchten, legen Sie einen Notizzettel dazu und halten Sie darauf alle Beobachtungen fest, also die Bäume der Umgebung, Beobachtungen zum Wuchsort (zum Beispiel auf Holz, auf Erdboden, zwischen Moos oder Laub, einzeln wachsend oder Reihen bzw. Hexenringe bildend). Achten Sie dabei vor allem auf Kennzeichen, die Sie nur an jungen Fruchtkörpern finden und die beim Transport oder durch längeres Liegen rasch verschwinden können. Dazu

Zum Bild: Vor allem die Milchlinge, aber auch andere Blätterpilze führen im Fleisch einen oft lebhaft gefärbten, mild, bitter oder scharf schmeckenden Milchsaft.

gehören zum Beispiel zarte, spinnwebartige Schleierhaare, die sich anfangs vom Hutrand zum Stiel spannen, flaumige oder reifartige Überzüge des Hutrandes und nicht selten auch auffällige Gerüche.

143

Pilze sammeln

Pilze sammeln
Schwermetalle

Seit etlichen Jahren ist bekannt, daß bestimmte Pilzarten in hohem Maße giftige Schwermetalle, wie Blei, Quecksilber und Thallium, vor allem aber Cadmium speichern. Der Bleigehalt der Pilze wird von der Belastung der Umgebung bestimmt und ist dementsprechend vor allem an Wuchsorten in der Nähe stärker befahrener Straßen besonders hoch. Der Cadmiumgehalt der Pilze ist dagegen vom Standort weitgehend unabhängig, also auch in unbelasteten Gebieten ziemlich hoch. Er geht auf natürliche Ursachen zurück und steht in keinem Zusammenhang mit der allgemein zunehmenden Umweltbelastung. So enthalten zum Beispiel Pilze, die getrocknet seit dem vorigen Jahrhundert in wissenschaftlichen Sammlungen aufbewahrt werden, ebenso beträchtliche Mengen an Cadmium wie frisch gesammelte Exemplare. Pilze in Industriegegenden und Großstädten können, wie allerdings auch andere Lebensmittel aus diesen Gebieten, zusätzlich mit anderen Schadstoffen belastet sein. Der Cadmium-Gehalt hängt dabei von der jeweiligen Pilzart ab. Es gibt Pilzarten, die so gut wie kein Cadmium enthalten, andere dagegen, so vor allem die

weiß- oder braunhütigen und bei Berührung gelb verfärbenden, nach Anis riechenden Egerlings-Arten (→ Seite 74) enthalten verhältnismäßig viel Cadmium. Neueren Untersuchungen zufolge ist das Cadmium in den Pilzzellen so gebunden, daß es bei der Verdauung vom Körper möglicherweise gar nicht oder nur in verhältnismäßig geringer Menge aufgenommen werden kann. Es scheint sich vorwiegend auf die eiweißreichen Teile der Fruchtschicht zu konzentrieren, so daß die Belastung durch Entfernen der Lamellen oder Röhrenschicht etwas gemindert werden kann. Gesundheitlich bedenkliche Werte werden aber kaum wirklich erreicht. Auf jeden Fall sind gelegentliche Pilzmahlzeiten unbedenklich, wenn Sie auf die besonders schwermetallreichen Anisegerlinge verzichten. Konsequenterweise müßten Sie dann aber auch andere teilweise noch erheblich stärker belastete Lebensmittel, vor allem Innereien, wie Leber und Niere, von Ihrem Speisezettel streichen.

Tollwut durch Pilze?

Seit einigen Jahren werden Pilz- und Beerensammler eindringlich vor tödlich verlaufenden Infektionen durch die Tollwut gewarnt. So könnten

tollwutkranke Tiere Pilze anfressen und mit dem Speichel infizierte Pilzstücke die Seuche auf den Menschen übertragen. Da Tollwuterreger auf diese Weise nicht in die Blutbahn gelangen können, sind Pilzsammler nicht gefährdet.

Gefahr durch den Fuchsbandwurm?

In jüngerer Zeit werden über die Gefahren einer für Menschen tödlich verlaufenden Infektion mit dem Fuchsbandwurm wahre Schreckensmeldungen verbreitet. Die winzigen Larven des Fuchsbandwurmes könnten von Pilzsammlern eingesammelt und sogar eingeatmet werden. Die Lebensgewohnheiten des Fuchses und die Tatsache, daß die Larven durch Hitze abgetötet und die Pilze nicht roh verzehrt werden, machen diese Art der Infektion unwahrscheinlich. Bisher ist noch kein einziger Fall bekanntgeworden, in dem ein Pilz- oder Beerensammler mit einem Fuchsbandwurm infiziert worden ist. Ungleich größer scheint das Risiko, über frei laufende Haustiere, also über Hunde und Katzen, mit dem Fuchsbandwurm infiziert zu werden. Obwohl zum Beispiel Jagdhunde, die unmittelbar und massiv in Kontakt mit infizierter Fuchslosung kommen

144

Der Riesen-Egerling ist ein Schwermetall-Sammler.

können, ein ungleich größeres Infektionsrisiko darstellen, scheinen Jäger bis heute vor einer Ansteckung verschont geblieben zu sein. Dies zeigt auf, wie ungewöhnlich gering doch die Gefahr für den Menschen eingeschätzt werden kann. Restlos ausschließen kann man eine Ansteckung jedoch nicht.

Zum Bild: Der Riesen-Egerling *(Agaricus augustus)* reichert unter allen wildwachsenden Pilzarten die größten Mengen des giftigen Cadmiums an.

Pilze sammeln

Radioaktivität in Pilzen

Seit dem Reaktorunglück von Tschernobyl im April 1986 sind in einigen Gegenden Europas die Böden mit radioaktivem Caesium verseucht. Viele Pilzarten nehmen dieses in höherer Dosierung zweifellos für den Menschen gesundheitsgefährdende Element in einem, verglichen mit den Blütenpflanzen, ungewöhnlich hohen Maße auf. Da das radioaktive Caesium sehr lange in den obersten Bodenschichten verbleibt und nur langsam zerfällt, bleibt die radioaktive Belastung des Bodens und damit auch der Pilze über viele Jahre bestehen.

Es wird immer wieder vom Verzehr selbstgesammelter Waldpilze mit der Begründung gewarnt, durch den Genuß radioaktiv verseuchter Pilze würde sich die Belastung des Körpers und damit auch das Krebsrisiko erhöhen. Inzwischen liegen für stärker belastete Gebiete gute Informationen über den Gehalt vieler Pilzarten an radioaktivem Caesium vor, und es wurden auch Untersuchungen durchgeführt, wie sich deren Genuß insgesamt auf die Gesamtbelastung des menschlichen Körpers auswirkt. Dabei wurde auch der beträchtliche Anteil an natürlicher Radioaktivität in unseren Lebensmitteln eingerechnet.

Die meisten Fachleute vertreten heute die Meinung, daß man auch die in belasteten Gebieten gesammelten Pilze uneingeschränkt und ohne jedes Gesundheitsrisiko essen kann, sofern man nicht ausgerechnet etliche hochbelastete Arten häufig zu sich nimmt. Neueste Untersuchungen haben die oft vertretene These, das radioaktive Caesium sei in bestimmten Teilen des Pilzes konzentriert und könne zum Beispiel durch Entfernen der Huthaut, der Röhren oder der Lamellen reduziert werden, leider nicht bestätigt. Dagegen kann der Caesiumgehalt deutlich gesenkt werden, wenn die Zellstruktur des Pilzes durch sorgfältiges Zerkleinern oder Tiefgefrieren aufgeschnittener Pilzstücke zerstört wird und die Pilze dann für mehrere Stunden in Wasser gelegt werden. Dabei verlieren die Pilze aber auch viel von ihrem Wohlgeschmack.

Ähnlich wie die giftigen Schwermetalle (→ Seite 144) ist auch das Caesium so an die Zellstruktur des Pilzes gebunden, daß, anders als beim Verzehr anderer Nahrungsmittel, offensichtlich ebenfalls nur ein geringer Teil der radioaktiven Substanz im Körper verbleibt. Auch dies setzt das Risiko einer längerfristigen Gesundheitsgefährdung durch Pilzgenuß nochmals deutlich herab.

Unter den bekannten Speisepilzen sind der Maronenröhrling und der Reifpilz im allgemeinen sehr hoch belastet; erheblich belastet sind alle Täublinge und Milchlinge sowie der Birkenpilz. Steinpilz, Pfifferling und Riesenschirmlinge enthalten dagegen nur wenig radioaktives Caesium. Praktisch unbelastet sind Schopftintling und Rotkappe. Der Gehalt an Radioaktivität der einzelnen Arten kann selbstverständlich je nach Standort stark schwanken, doch ist bei den gering belasteten Arten selbst bei wiederholtem und häufigem Genuß eine gesundheitliche Gefährdung auch für Kinder nicht vorstellbar.

Sie sollten in diesem Zusammenhang auch bedenken, daß zum Beispiel eine Röntgenuntersuchung oder eine Flugreise den Körper stärker belasten können als eine Vielzahl von Pilzmahlzeiten.

Zum Bild: Der Genuß des Schopftintlings ist auch für Übervorsichtige völlig unbedenklich. Sein Gehalt an radioaktiven Substanzen liegt fast immer unter der Nachweisgrenze.

Pilze zubereiten

Das stundenlange Putzen von Pilzen zu Hause können Sie sich ersparen, wenn Sie nur gereinigte Pilze mit nach Hause nehmen. Kurz vor dem Zubereiten werden die Pilze gewaschen, klein geschnitten und nach den üblichen Rezepten gekocht, gedünstet oder gebraten. In vielen Kochbüchern werden zu kurze Koch- oder Dünstzeiten für Pilze angegeben. Wir raten Ihnen, Wildpilze stets gründlich zu garen und mindestens 15 Minuten, aber nicht länger als 20 Minuten zu erhitzen. Immer wieder kommt es zu Verdauungsbeschwerden nach dem Genuß einwandfreier Speisepilze, deren Ursache in einer zu kurzen Garzeit liegt.

Im Kühlschrank lassen sich sowohl frische als auch zubereitete Pilze einen Tag aufbewahren. Pilze aus der Tiefkühltruhe oder Frischpilze, die Sie im Handel gekauft haben, sollten Sie auf keinen Fall nochmals aufwärmen. Das Pilzeiweiß zersetzt sich sehr rasch und kann sehr schwere Lebensmittelvergiftungen verursachen. Stellen Sie an einem aufgewärmten Pilzgericht nur die geringste Geschmacksveränderung fest, so darf es auf keinen Fall mehr gegessen werden.
Wie Sie die Pilze durch Trocknen oder Tiefgefrieren für längere Zeit haltbar machen können, erfahren Sie auf der nächsten Seite.

Nährwert der Pilze
Einen besonders hohen Nährwert besitzen unsere Speisepilze nicht, doch enthalten sie eine stattliche Anzahl an Vitaminen. Der hohe Eiweißgehalt ist für den Körper schlecht auswertbar, weil die Zellwände relativ dick sind und daher die Verdauungssäfte nur einen geringen Teil des Eiweißes aufnehmen können. Pilze sollen deshalb stets gut gekocht und gründlich gekaut werden. Rohe Pilze sind sehr schwer verdaulich und können empfindliche Magenbeschwerden hervorrufen. Etliche Arten, so zum Beispiel der Kahle Krempling (→ Seite 85), wirken roh oder ungenügend gekocht ausgesprochen giftig.

Nährwert einiger Speisepilze im Vergleich zu anderen Lebensmitteln

	Wasser %	Eiweiß %	Fett %	Kohlehydrate %	Rohfaser %	Mineralstoffe %	Kalorien in 100 g
Steinpilz frisch	87,0	5,4	0,4	5,2	1,0	1,0	34
Champignon frisch	90,0	4,8	0,2	3,5	0,8	0,8	28
Pfifferling frisch	91,5	2,6	0,8	3,5	1,0	0,7	23
Kartoffel	74,9	2,0	0,1	20,9	1,0	1,1	91
Apfel	84,8	0,4	0,2	12,9	1,5	0,5	58
Roggenbrot	42,3	6,1	0,4	49,3	0,5	1,5	227
Milch	87,2	3,5	2,7	4,8	–	0,7	62
Butter	13,6	0,7	84,4	0,6	–	0,7	752
Ei	73,7	12,5	12,1	0,8	–	1,1	152
Rindfleisch mager	72,0	21,0	5,5	0,5	–	1,0	173

Pilze konservieren

Trocknen

Zum Trocknen eignen sich festfleischige Arten, vor allem Röhrlinge, die vorher sorgfältig gereinigt wurden. Falls Sie diese Pilze an der Luft trocknen, schneiden Sie sie dünn auf und legen Sie sie auf einem Tuch locker aus oder fädeln Sie die einzelnen Pilzstückchen auf einer Schnur auf und hängen Sie diese an einen trockenen und warmen Ort, zum Beispiel auf den Dachboden. Schneller ist das Trocknen im Bratrohr. Bei Temperaturen bis 70 Grad (nicht heißer!) und spaltbreit geöffnetem Rohr trocknen die ca. 3 mm dick geschnittenen Pilzscheiben bereits in wenigen Stunden. Ideal sind die unter dem Namen „Dörrex" im Handel befindlichen elektrischen Trockengeräte. Die Pilzstückchen sind trocken, wenn beim Umbiegen keinerlei Flüssigkeit mehr austritt. Besonders scharfe Würzpilze, wie Pfeffer-Röhrling (→ Seite 60) oder Habichtspilz (→ Seite 127) werden dann mit einer eigens hierfür bestimmten Kaffeemühle zu Pilzpulver zerrieben, das zur Verfeinerung vonSuppen und Soßen verwendet wird. Die sorgfältig und restlos getrockneten Pilze werden am besten in einem durchsichtigen Behälter, zum Beispiel in einem Marmeladenglas luftdicht und an einem dunklen Ort aufbewahrt und behalten ihr Aroma jahrelang. Bei Verwendung von Stoffbehältnissen besteht die Gefahr, daß Schädlinge eindringen können. Bedenken Sie, daß Trockenpilze nur langsam weich werden und deshalb vor der Zubereitung einige Stunden gewässert werden müssen.

Tiefgefrieren

Die in Haushalten gebräuchlichen Gefriertruhen eignen sich bei Beachtung nachstehender Regeln durchaus zum Einfrieren selbstgesammelter Pilze:
- Pilze reinigen, gebrauchsfertig aufschneiden, nicht würzen und portionsweise verpacken.
- Nur ganz frisch gesammelte Pilze verwenden, in einem Gefriergang nur geringe Mengen gleichzeitig in das Tiefkühlfach legen und bereits einige Zeit zuvor die stärkste Kühlstufe einschalten, da das Gefrieren sehr schnell erfolgen muß; bei Massenernten besser in Raten einfrieren.
- Niemals Pilze in Gefrierfächern von Kühlschränken einfrieren!
- Vor dem Einfrieren blanchierte (3 Minuten abgekochte, dann kalt abgeschreckte) Pilze in niedrige Behältnisse füllen, damit sie später rasch auftauen.
- Pilze nicht über 6 Monate lagern.
- Pilze vor der Zubereitung nicht auftauen, sondern gefroren in den Topf geben und dann wie frische Pilze zubereiten.
- Pilze bei geringster Geschmacksveränderung keinesfalls mehr essen. Auch bei guten Speisepilzen besteht bei unsachgemäßer Lagerung Vergiftungsgefahr!
- Gerichte aus tiefgefrorenen Pilzen kein zweites Mal einfrieren.

Hinweis: Das vor allem beim Einfrieren von Gemüse empfohlene Blanchieren ist bei Pilzen nicht notwendig. Man spart zwar durch Blanchieren viel Platz in der Truhe, gleichzeitig verlieren die Pilze aber auch sehr viel von ihrem Aroma. Die Haltbarkeit der Pilze wird dadurch nicht verlängert.

Pilze züchten

Außer dem bekannten Zuchtchampignon, der auf einer Mischung von Gips, Pferde- und Hühnermist gut gedeiht, lassen sich vor allem auf Holz wachsende Pilze mit Erfolg züchten. Pilze, die in Wurzelsymbiose mit Bäumen leben, können nach dem heutigen Stand der Forschung nicht künstlich zur Fruchtkörperbildung gebracht werden. Damit scheiden viele bodenbewohnende Waldpilze und auch der Steinpilz für eine Pilzzucht aus. Austernseitlinge („Kalbfleischpilze") und Riesenträuschlinge („Braunkappen") können Sie ohne große Mühe selbst im Garten, Riesenträuschlinge notfalls auch im Keller züchten. Sie brauchen dazu nur den richtigen Nährboden, Pilzbrut und einen geeigneten Platz sowie etwas Talent

zum Basteln. Strohballen erhalten Sie bei Landwirten, eventuell auch in landwirtschaftlichen Lagerhäusern. Pilzbrut wird in Fachgeschäften für Gartenbedarf verkauft.

Zucht auf Strohballen

Ein gut getrockneter, gepreßter Strohballen, den Sie an den hell gefärbten Halmen erkennen, wird an einer nicht zu sonnigen, möglichst feuchtschattigen Stelle im Garten auf Erde (nicht Stein oder Beton!) gelagert. Strohballen mit Austernseitlingen müssen stets im Freien und an schattigen Stellen angelegt werden. Im Keller wird der Strohballen auf eine ca. 20 cm tief mit Erde gefüllte Kiste gelegt. Vorher muß er gründlich gewässert werden. Es dauert bis zu drei Tage, bis die Wachsschicht der Halme gelöst

und der Ballen richtig vollgesaugt ist. Nun werden mit einem zugespitzten Pfahl oder Pflanzstab ca. 20 cm tiefe Löcher gestochen, mit Pilzbrut gefüllt und anschließend durch Festtrampeln verschlossen. Der Ballen muß nun durch Gießen ständig feucht gehalten werden. Bei anhaltenden Regenfällen sollte er mit einer durchlöcherten Folie etwas abgedeckt werden. Die Ernte beginnt nach 2 bis 4 Monaten. Sie kann bis zu 10 kg betragen und mit Unterbrechungen bis zu 5 Monate dauern, vorausgesetzt, der Ballen wurde nicht zwischendurch mit anderen Pilzen oder Insekten infiziert. Wird die Zucht fortgesetzt, wird der alte Ballen sorgfältig entfernt, damit er auf keinen Fall mit einem neuen Ballen in Berührung kommt.

Die Strohballen müssen vor dem Beimpfen mit Pilzbrut gründlich gewässert werden.

Mit einem Pflanzstab werden tiefe Löcher in die Ballen gedrückt.

An feuchten und schattigen Stellen gedeihen die Pilze am besten.

Pilze züchten – leicht gemacht

Es wird ein ca. 2 cm breiter Keil herausgesägt.

Die Pilzbrut wird in den Hohlraum gefüllt.

Die Öffnung sehr sorgfältig verschließen.

Mit einem kräftigen Bohrer werden tiefe Löcher gebohrt und mit Pilzbrut gefüllt.

Sind alle Bohrlöcher gefüllt, muß das Stammstück sorgfältig abgedeckt werden.

Zucht auf Holz

Hierfür eignen sich besonders Austernseitlinge, aber auch andere in der Natur auf Holz wachsende Arten wie der aus Japan stammende Shiitakepilz oder das einheimische Stockschwämmchen liefern ertragreiche Ernten und werden im Fachhandel zur Zucht angeboten.
Für die Zucht auf Holz verwenden Sie nur Laubholz. Die Rundlinge sollten 30 – 40 cm lang sein. Weichholz liefert schon nach 3 bis 6 Monaten die ersten Ernten; bei

Hartholz kann es bis zu 3 Jahre dauern. Dafür ist Weichholz schon nach gut einem Jahr verbraucht; Hartholz liefert wesentlich mehr Ertrag und kann bis zu 7 Jahre lang Pilze hervorbringen. Trocken gelagertes und noch nicht durch andere Pilze befallenes Holz wird ggf. gewässert und dann etwa bis zur Mitte 1 bis 2 cm breit eingeschnitten. Die Pilzbrut wird zerbröckelt und in die Spalten gefüllt, anschließend sorgfältig und dicht an den Stamm anliegend mit Folie verschlossen, damit

keine Insekten oder Schimmelpilze eindringen können. Sie können auch die Schnittfläche beimpfen, wenn Sie diese vorher gründlich säubern und dann abdecken. Auch ein Füllen von Bohrlöchern mit Pilzbrut ist möglich.
Die beimpften Stämme werden zunächst an einem feuchten und schattigen Ort gelagert und mit einem alten Sack oder einer durchlöcherten Folie abgedeckt. Sie sollten dabei keinen stärkeren Frösten ausgesetzt sein. Nach einigen Wochen oder Monaten hat der Pilz das Substrat durchwachsen. Die Stämme werden dann an einem schattigen Ort senkrecht etwa 10 cm tief in den Boden eingegraben, wobei beimpfte Schnittflächen oben sein müssen. Sie können dann je nach Holzart jahrelange, meist schubweise einsetzende Ernten bringen.

Zum Nachschlagen

Arten- und Sachregister

Arten- und Sachregister

Fuchsiger Trichterling 19

G

Galerina marginata 78
Gallbildungen 37
Gallen-Täubling 119
Gallenröhrling 53
Geastrum fimbriatum 133
Geastrum rufescens 6, 133
Gefleckter Rübling 26
Gelbfuß, Großer 86
Gelbstieliger Zwergknäueling 14
Gemeiner Kartoffelbovist 134
Gemeiner Zapfenrübling 102
Geruch 35
Gesäumter Häubling 78
Geschmack 35
Geschmückter Gürtelfuß 23
Geselliger Rasling 93
Gestutze Keule 128
Gifthäubling 20, 78
Giftrötling 92
Gifttrichterling, Weißer 89
Glimmerschüppling 81
Glucke, Krause 128
Glucke, Tannen- 129
Goldgelbe Koralle 129
Goldröhrling 59
Gomphidius glutinosus 86
Gomphus clavatus 128
Grauer Wulstling 72
Grauer Helmling 4
Graukappe 92
Großer Gelbfuß 86
Großer Rettichfälbling 110
Großer Schmierling 86
Grubiger Milchling 46/47, 116
Grünblättriger Schwefelkopf 108
Grüner Knollenblätterpilz 39, 68
Grünling 94
Grünspan-Träuschling 8/9, 80
Gürtelfuß, Geschmückter 23
Gyromitra esculenta 136
Gyromitrin 38
Gyroporus castaneus 61

H

Habichtspilz 127
Hainbuchen-Röhrling 62
Hallimasch 77

Hasenröhrling 61
Häubling, Gesäumter 78
Hebeloma edurum 110
Hebeloma sinapizans 110
Helmling, Grauer 4
Helmling, Weißmilchender 102
Herbstblattl 92
Heringstäubling 122
Herkules-Keule 128
Herrenpilz 52
Heterobasidion annosum 130
Hexenringe 19
Hexenröhrling, Flockenstieliger 54
Hexenröhrling, Netzstieliger 28, 54
Hirneola auricula-judae 131
Hirschling 126
Hohlfuß-Röhrling 61
Holzritterling, Purpurfilziger 96
Holzrübling, Breitblättriger 97
Holzzersetzer 14
Horngrauer Rübling 98
Hüllreste 31
Hut 24
Hutfarbe 24
Hutformen 25
Huthaut 24
Hutrand 24
Hydnum repandum 127
Hygrophorus agathosmus 87
Hygrophorus olivaceoalbus 87
Hypholoma capnoides 108
Hypholoma fasciculare 108
Hypholoma sublateritium 109

I

Ibotensäure 41
Inocybe erubescens 112
Inocybe geophylla 113
Inocybe rimosa 45

J

Judasohr 131

K

Käferlarven 36
Kahler Krempling 84
Kalbfleischpilze 150
Karbol-Egerling 75
Kartoffelbovist, Dünnschaliger 135
Kartoffelbovist, Gemeiner 134
Kegelhütiger Knollenblätter-

pilz 69
Kegelhütiger Rißpilz 45
Keule, Gestutze 128
Keule, Herkules- 128
Kiefern-Steinpilz 52
Kiefern-Zapfenrübling 102
Kleiner Knoblauchschwindling 99
Klumpfuß, Strohgelber 158/159
Knoblauchschwindling, Kleiner 99
Knoblauchschwindling, Langstieliger 99
Knollenblätterpilz, Grüner 39, 68
Knollenblätterpilz, Kegelhütiger 69
Knollenblätterpilz, Zitronengelber 70
Knopfstieliger Rübling 103
Königs-Fliegenpilz 71
Konservieren 148
Koralle, Goldgelbe 129
Körnchenröhrling 58
Krause Glucke 128
Krempling, Erlen- 85
Krempling, Kahler 84
Krempling, Samtfuß- 85
Kronen-Becherling 135
Küchenschwindling 99
Kuehneromyces mutabilis 78
Kuh-Röhrling 60
Kuhmaul 86
Kupferroter Schmierling 86

L

Laccaria amethystina 100
Laccaria laccata 100
Lackpilz, Blauer 100
Lackpilz, Roter 100
Lackporling, Flacher 29, 36
Lactarius deliciosus 114
Lactarius deterrimus 114
Lactarius ligniotus 115
Lactarius pubescens 114
Lactarius rufus 117
Lactarius scrobiculatus 116
Lactarius torminosus 114
Lactarius turpis 115
Lactarius vellerus 118
Lactarius volemus 116
Lamellen 26
Lamellenfarbe 26
Lamellenform 26

Arten- und Sachregister

Arten- und Sachregister

Der Autor:
Edmund Garnweidner, ein in Fachkreisen anerkannter Pilzexperte, zählt zu den besten Kennern unserer heimischen Pilzflora. Als Vorsitzender des „Vereins für Pilzkunde München" führt er seit Jahren pilzkundliche Wanderungen und Fachseminare durch. Er ist Autor verschiedener Pilzbücher.

Alle Fotos sind vom Autor in freier Natur aufgenommen worden.

Vorlage für die Zeichnungen: „Willy J. Hawlik, Waldpilzzucht für jedermann."

Die Deutsche Bibliothek – CIP-Einheitsaufnahme

Garnweidner, Edmund:
GU-Naturführer Pilze: bestimmen, kennenlernen, sammeln; Speispilze und ihre giftigen Doppelgänger; bestimmen mit GU-Kennfarben-Code; Ratgeber: Tips fürs Sammeln und Zubereiten / Edmund Garnweidner. – 1. Aufl. – München: Gräfe und Unzer, 1992 (GU-Naturführer) ISBN 3 – 7742-1504-9
NE: HST

1. Auflage 1992
© 1992 Gräfe und Unzer GmbH, München
Alle Rechte vorbehalten. Nachdruck, auch auszugsweise, sowie Verbreitung durch Film, Funk und Fernsehen, durch fotomechanische Wiedergabe, Tonträger und Datenverarbeitungssytemc jeder Art nur mit schriftlicher Genehmigung des Verlages.

Redaktionsleitung: Hans Scherz
Stellvertretende Redaktionsleitung: Renate Weinberger
Redaktion: Sonnhild Bischoff
Herstellung: Petra Altmannshofer
Produktion: Johannes Schmidt-Thomé
Layout: Heide Blut
Umschlaggestaltung: Heinz Kraxenberger
Zeichnungen: György Jankovics
Satz: L☆O☆W, München
Druck und Bindung: Mairs Graphische Betriebe

ISBN 3-7742-1504-9

Foto Seite 158/159: ▶
Strohgelber Klumpfuß
(Cortinarius elegantior)

Alle weißhütigen Egerlinge (Bild links) besitzen einen oft fein seidig schuppigen und gleichmäßig konvex gewölbten, häufig bei Berührung gelb fleckenden Hut und schon in der Jugend grau oder rosa gefärbte Lamellen. Der am Grund manchmal knollig verbreiterte Stiel hat niemals eine häutige Scheide.

Der tödlich giftige Kegelhütige Knollenblätterpilz (Bild unten) besitzt jung einen rundlichen, dann kegeligen, nie seidigen und bei Berührung niemals gelb färbenden Hut. Die Lamellen sind immer reinweiß. Der am Grund knollig verbreiterte Stiel wird von einer weißen, häutigen (oft im Boden versteckten) Scheide umgeben.

Schiefknolliger Anis-Egerling – Eßbar

Kegelhütiger Knollenblätterpilz – Tödlich giftig ☠